燕均 ◎编著

诺贝尔获得者的家庭教子方法

Nuobeier Huodezhe de Jiating Jiaozifangfa

河南人民出版社

图书在版编目(CIP)数据

诺贝尔获得者的家庭教子方法／徐先玲，孙海燕编
著．—郑州:河南人民出版社，2012.12
ISBN 978－7－215－08203－8

Ⅰ.①诺… Ⅱ.①徐… ②孙… Ⅲ.①家庭教育
Ⅳ.①G78

中国版本图书馆 CIP 数据核字(2012)第 314888 号

诺贝尔获得者的家庭教子方法

编　　著	徐先玲　　孙海燕
责任编辑	孙祖和
装帧设计	林静文化

出版发行:河南人民出版社

社　　址:郑州市经五路 66 号

邮　　编:450002

电　　话:(0371)65788036　　(010)61536005

经　　销:新华书店

印　　刷:北京山华苑印刷有限责任公司

开　　本:710mm×1000mm　　1/16

字　　数:160 千字

印　　张:12

版　　次:2013 年 3 月第 1 版

印　　次:2013 年 3 月第 1 次

书　　号:ISBN 978－7－215－08203－8

定　　价:23.80 元

目　　录

第一章　科学巨匠——诺贝尔及诺贝尔奖

第二章　重视孩子兴趣与爱好

第三章　启发孩子的好奇心

第四章　重视孩子的天赋及后天的培养

第五章　激发孩子的求知欲

第六章　培养孩子的观察力

第七章　培养孩子动手与思考能力

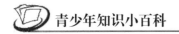

第八章　启发孩子的创造力和想象力

第九章　尊重孩子，给孩子自由的空间

第十章　做一个人格高尚的人

第十一章　让孩子在勉励中健康成长

第十二章 培养孩子的个性与自信心

第一章 科学巨匠——
诺贝尔及诺贝尔奖

1. 火药大王——诺贝尔

阿尔弗雷德·贝恩哈德·诺贝尔（1833 – 1896）

1833 年 10 月 21 日，诺贝尔出生于瑞典首都斯德哥尔摩。母亲是以发现淋巴管而成为著名的瑞典博物学家（鲁德贝克）的后裔。他从父亲伊曼纽尔·诺贝尔那里学习了工程学基础，像父亲一样具有发明才能。诺贝尔全家于 1842 年离开斯德哥尔摩，与当时正在俄国圣彼得堡的父亲团聚。

诺贝尔从小接受家庭教师的良好教育，16 岁就成为有能力的化学家，并能流利地说英、法、德、俄、瑞典等国家语言。1850 年他离开俄国赴巴黎学习化学，一年后又赴美国工作了 4 年。返回圣彼得堡后，他开始在父亲的工厂里工作，直到 1859 年。诺贝尔的父亲伊曼纽尔·诺贝尔是位发明家，在俄国拥有大型机械工厂。1840 – 1859 年其父在圣彼得堡从事大规模水雷生产，这些水雷及其他武器曾用于克里米亚战争。他发明了家用取暖的锅炉系统，设计了一种制造木轮的机器，设计制造了大锻锤，改造了工厂设备。1853 年 5 月，沙皇尼古拉一世为了表彰伊曼纽尔·诺贝尔的功绩，破例授予他勋章。在父亲永不停息的创造精神影响和引导下，诺贝尔走上了光辉灿烂的科学发明道路。

后来，诺贝尔重返瑞典，他开始制造液体炸药——硝化甘油。在这种炸药投产后不久的 1864 年，工厂发生爆炸，诺贝尔最小的弟弟埃米尔和另外 4 人被炸死。由于危险太大，瑞典政府禁止重建这座工厂，被认为是"科学疯子"的诺贝尔，只好在湖面的一只船上进行实验，寻求降低搬动硝化甘油时发生危险的方法。在一次偶然的机会，他发现：硝化甘油可以被干燥的硅藻土所吸附，这种混合物可以安全运输。通过实验他改进了黄色炸药和雷管。

黄色炸药在英国（1867 年）和美国（1868 年）取得专利之后，诺贝尔进而实验并研制成一种威力更大的同一类型的炸药——爆炸胶，并于 1876 年取得技术专利。10 年以后，诺贝尔又研制出最早的硝化甘油无烟火药——弹道炸药。诺贝尔在全世界都有炸药制造业的股份，加上他在俄国巴库油田的产权，所拥有的财富是巨大的，他因此不得不在世界各地不停地奔波。

诺贝尔本质上是一位和平主义者，希望他发明的破坏性炸药有助于消灭战争，但他对人类和国家的看法是悲观主义的。

诺贝尔对文学有长期的爱好，在青年时代曾用英文写过一些诗。后人还在他的遗稿中发现他写的一部小说的开端。他对各种人道主义和科学的慈善事业捐款十分慷慨，把大部分财产都交付给了信托，设立了后来成为国际最高荣誉的奖金——诺贝尔奖金，即和平、文学、物理学、化学、生理学或医学共 5 项诺贝尔奖金。后来，诺贝尔经济学奖金是瑞典国家银行在 1968 年提供资金增设的。

诺贝尔一生未婚，没有子女。一生的大部分时间忍受着疾病的折磨。他生前有两句名言："我更关心生者的肚皮，而不是以纪念碑的形式对死者的缅怀"；"我看不出我应得到任何荣誉，我对此也没有兴趣"。

1896 年 12 月 10 日诺贝尔在意大利的桑利玛去世，终年 63 岁。

在世界科学史上，诺贝尔是一位伟大的科学家，他不仅把自己的毕生精力全部贡献给了科学事业，而且还在身后留下遗嘱，把自己的遗产全部捐献给科学事业，用以奖励后人，向科学的高峰努力攀登。今天，以他的名字命名的科学奖，已经成为举世瞩目的最高科学大奖。他的名字和人类在科学探索中取得的成就永远地留在了人类社会发展的文明史册上。

诺贝尔成长日记

1833 年　10 月 21 日诺贝尔出生于瑞典首都斯德哥尔摩，父亲生意破产。

1840 年　父亲伊马奴耶鲁将诺贝尔留在家乡，到俄国圣彼得堡找工作。

1841 年　诺贝尔开始上小学。

1842 年　父亲工厂的生意兴隆，全家迁到圣彼得堡。

1843 年　父亲发明的鱼雷受到俄国政府的重视，获颁奖励金 3000 卢布。弟弟耶米尔出生。

1850 年　诺贝尔为研究化学，留学美国。

1852 年　在巴黎诺贝尔深爱的少女去世，他怀着悲伤的心情回到圣彼得堡。

1853 年　父新获俄皇颁授奖牌，因积劳成疾而到德国的埃格温泉养病。

1854 年　英国、法国、土耳其、撒丁王国的联合军对俄战争（克里米亚战争）开始。伊马奴耶鲁所发明的鱼雷，被埋设在芬兰湾。受西宁、特拉普两博士鼓励，诺贝尔做硝化甘油炸药的发明。

1856 年　克里米亚战争俄国兵败，因此使父亲的工厂陷入困境。诺贝尔因改良水计量器，而获得专利权。

1858 年　诺贝尔为筹措父亲的事业资金而去伦敦。

1859 年　父亲事业失败，父母带着弟弟耶米尔回到斯德哥尔摩。

1860 年　诺贝尔与二哥鲁特伊喜在父亲转售的工厂中工作，他还从事硝化甘油炸药的研究。这年冬天，生了场大病。

1863 年　诺贝尔发明出了硝化甘油炸药用的雷管。10 月，他得到硝化甘油炸药的专利，跟父亲在斯德哥尔摩办厂。

1864 年　硝化甘油工厂爆炸，弟耶米尔惨死。诺贝尔关闭瑞典工厂，在德国建厂。10 月，他成立了“硝化甘油炸药公司”。

1865 年　诺贝尔在德国汉堡设立火药公司，并在克鲁伯建厂。

1866 年　硝化甘油爆炸事件不断在世界各地发生，因此各地纷纷取缔，诺贝尔的硝化甘油公司陷入困境。但他因此发明了甘油炸药。

1867 年　5 月，诺贝尔获得英国的炸药专利，从这一年开始，炸药年产量为 11 吨。雷管发明成功。

1867 年　诺贝尔在欧洲各地开设诺贝尔公司，他的炸药事业走向鼎盛。同年，他与父亲一起同时获得瑞典科学研究院的亚斯特奖。

1870 年　克鲁伯火药工厂爆炸，造成重大损失。普法战争开始，炸药初显威力。

1871 年　诺贝尔在英国创办炸药公司。因法国也允许制造炸药，他和保罗·鲍合作创业。

1872 年　父亲伊马奴耶鲁病故。

1873 年　诺贝尔定居巴黎。大哥罗贝尔特在巴库发现油田。

1876 年　诺贝尔雇用斯陀夫人（1905 年获得诺贝尔文学奖。1843－1914 年）为秘书，之后逐渐热衷于和平运动。

1878 年　诺贝尔完成可塑炸药。5 月，加入石油事业，成立诺贝尔兄弟石油公司。

1882 年　诺贝尔到俄国和哥哥鲁特伊喜会面。

1884 年　诺贝尔被推荐为伦敦皇家协会、巴黎技术协会、瑞典皇家科学协会的会员。

1887 年　诺贝尔取得喷射炮弹火药的专利。

1889 年　母亲安莉耶特在故乡斯德哥尔摩去世。

1890 年　诺贝尔受法国人迫害，而离开居住 18 年之久的巴黎，搬到意大利圣利摩，在当地创立研究所。

1893 年　诺贝尔成为瑞典芜普撒勒大学的荣誉教授，讲授哲学。

1895 年　诺贝尔于 11 月 27 日立下遗嘱，诺贝尔奖因此产生。

1896 年　诺贝尔 12 月 10 日的晚上，在圣利摩的米欧尼德庄永眠。

1901 年　诺贝尔逝世后 5 年，12 月 10 日依照诺贝尔的遗嘱，诺贝尔基金会在斯德哥尔摩举行第一届诺贝尔颁奖典礼。

2. 荣誉殿堂——诺贝尔奖

诺贝尔奖是以瑞典著名化学家、工业家、硝化甘油炸药发明人阿尔弗雷德·贝恩哈德·诺贝尔的部分遗产作为基金创立的。诺贝尔奖包括金质奖章、证书和奖金。

诺贝尔一生致力于炸药的研究，在硝化甘油的研究方面取得了重大成就。他不仅从事理论研究，而且进行工业实践。他一生共获得技术发明专利 355 项，并在欧美等五大洲 20 个国家开设了约 100 家公司和工厂，积累了巨额财富。

1896 年 12 月 10 日，诺贝尔在意大利逝世。逝世的前一年，他留下了遗嘱。在遗嘱中他提出，将部分遗产（3100 万瑞典克朗，当时合 920 万美元）作为基金，基金放于低风险的投资，以基金每年的利润和利息分设物理、化学、生理或医学、文学及和平奖五项奖金，授予世界各国在这些领域对人类作出重大贡献的人或组织。

诺贝尔和平奖的评选结果每年都是最先公布的，早于其他奖项的公布。这反映了和平奖的重要性。诺贝尔因发明硝化甘油炸药而致富，他本希望该发明广泛用于工业（采矿、建筑）用途，但很可惜，他的发明曾被用于战争。在生前，诺贝尔希望全世界的科学家，不论工作的领域是什么，都为人类和平作出贡献。

1968 年瑞典中央银行于建行 300 周年之际，提供资金增设"诺贝尔经济奖"，亦称"纪念诺贝尔经济学奖"，并于 1969 年开始与其他 5 项奖同时颁发。诺贝尔经济学奖的评选原则是授予在经济科学研究领域作出有重大价值贡献的人，并优先奖励那些早期作出重大贡献者。

1990 年诺贝尔的一位重侄孙克劳斯·诺贝尔又提出增设"诺贝尔地球奖"，授予杰出的环境成就获得者。这个奖项于 1991 年 6 月 5 日世界环境日首次颁发。

3. 时代骄子——历届诺贝尔奖获得者

年　份	届　数	姓　名	国　别	主要贡献	奖　项
1901 年	第一届	伦琴	德国	发现 X 射线	物理学奖
1901 年	第一届	范托霍夫	荷兰	化学动力学和渗透压定律	化学奖
1901 年	第一届	贝林	德国	血清疗法	医学奖
1901 年	第一届	苏利·普吕多姆	法国	诗《命运》等著作	文学奖
1901 年	第一届	桂南	瑞士	创立国际红十字会	和平奖*
1901 年	第一届	帕西	法国	创立国际和平联盟	和平奖*
1902 年	第二届	洛伦兹	荷兰	创立电子理论	物理学奖*
1902 年	第二届	塞曼	荷兰	发现磁力对光的塞曼效应	物理学奖*
1902 年	第二届	费雪	德国	合成嘌呤及其衍生物多肽	化学奖
1902 年	第二届	罗斯	美国	疟原虫通过疟蚊传入人体	医学奖
1902 年	第二届	戈巴特	瑞士	创立国际和平局	和平奖*
1902 年	第二届	桂科蒙	瑞士	因宣传和平、反对战争	和平奖*
1902 年	第二届	塞道尔·蒙森	德国	《罗巴史》	文学奖
1903 年	第三届	贝克勒尔	法国	发现天然放射性现象	物理学奖*
1903 年	第三届	居里夫妇	法国	发现放射性元素镭	物理学奖*
1903 年	第三届	阿伦纽斯	瑞典	电解质溶液电离解理论	化学奖
1903 年	第三届	芬森	丹麦	创立光辐射疗法	医学奖
1903 年	第三届	比昂松	挪威	《罗马史》等著作	文学奖
1903 年	第三届	克里默	英国	仲裁国际争端	和平奖

年 份	届 数	姓 名	国 别	主要贡献	奖 项
1904 年	第四届	瑞利	英国	发现氩	物理学奖
1904 年	第四届	拉姆赛	英国	发现六种惰性所体	化学奖
1904 年	第四届	巴浦洛夫	俄国	消化生理学研究的巨大贡献	医学奖
1904 年	第四届	埃切加莱·埃萨吉雷	西班牙	《在剑柄上》等著作	文学奖*
1904 年	第四届	米斯特拉尔	法国	《米海耶》等著作	文学奖*
1904 年	第四届	1873 年成立的国际法协会		促进国际和平与合作	和平奖
1905 年	第五届	勒纳	德国	阴极射线的研究	物理学奖
1905 年	第五届	拜耳	德国	研究有机染料及芳香剂等	化学奖
1905 年	第五届	科赫	德国	对细菌学的发展	医学奖
1905 年	第五届	显克微支	波兰	小说《三部曲》等著作	文学奖
1905 年	第五届	苏纳特	奥地利	积极促进世界和平	和平奖
1906 年	第六届	汤姆逊	英国	研究气体的电导率	物理学奖
1906 年	第六届	穆瓦桑	法国	分离元素氟、发明穆瓦桑熔炉	化学奖
1906 年	第六届	戈尔吉 拉蒙·卡哈尔	意大利 西班牙	对神经系统结构的研究	医学奖
1906 年	第六届	卡杜齐	意大利	诗《撒旦颂》等著作	文学奖
1906 年	第六届	罗斯福	美国	成功调解日俄冲突	和平奖
1907 年	第七届	迈克尔逊	美国	测量光速	物理学奖
1907 年	第七届	毕希纳	德国	发现无细胞发酵	化学奖
1907 年	第七届		法国	疟原虫在致病中的作用	医学奖
1907 年	第七届	辟德耶德·吉卜林	英国	诗《营房歌曲》等著作	文学奖
1907 年	第七届	莫内塔	意大利	宣传和平思想	和平奖*

年　份	届　数	姓　名	国　别	主要贡献	奖　项
1907 年	第七届	雷诺	法国	解决国际争端树立了典范	和平奖*
1908 年	第八届	李普曼	法国	发明彩色照片的复制	物理学奖
1908 年	第八届	卢瑟福	英国	研究元素的蜕变和放射化学	化学奖
1908 年	第八届	埃尔利希	德国	发明"606"	医学奖*
1908 年	第八届	梅奇尼科夫	俄国	免疫性的研究	医学奖*
1908 年	第八届	欧肯	德国	《伟大思想家的人生观》	文学奖
1908 年	第八届	阿诺德森	瑞典	为和平解散挪威	和平奖*
1908 年	第八届	巴耶	丹麦	从事国际和平运动	和平奖*
1909 年	第九届	马可尼 布劳恩	意大利 德国	发明无线电报技术	物理学奖
1909 年	第九届	奥斯特瓦尔德	德国	发现催化、化学平衡等	化学奖
1909 年	第九届	柯赫尔	瑞士	甲状腺生理、病理及外科手术的研究	医学奖
1909 年	第九届	拉格格夫	瑞典	《古斯泰·贝林的故事》等	文学奖
1909 年	第九届	贝尔纳特	比利时	调解国际争端	和平奖*
1909 年	第九届	德康斯坦	法国	促进法美和解	和平奖*
1910 年	第十届	范德瓦尔斯	荷兰	气体和液体状态工程	物理学奖
1910 年	第十届	瓦拉赫	德国	脂环族化合作用方面的开创性	化学奖
1910 年	第十届	科塞尔	俄国	细胞化学蛋白质及核质	医学奖
1910 年	第十届	海泽	德国	小说《傲子女》等著作	文学奖
1910 年	第十届	1891 年成立的国际和平局		维护世界和平、促进国际合作	和平奖
1911 年	第十一届	维恩	德国	发现热辐射定律	物理学奖

年 份	届 数	姓 名	国 别	主要贡献	奖 项
1911 年	第十一届	玛丽·居里	法国	发现镭和钋,并分离出镭	化学奖
1911 年	第十一届	古尔斯特兰	瑞典	创立眼的屈光学	医学奖
1911 年	第十一届	梅特林克	比利时	剧本《青鸟》等著作	文学奖
1911 年	第十一届	弗里德	奥地利	创建几种宣传和平的刊物等	和平奖
1912 年	第十二届	达伦	荷兰	发明航标灯自动调节器	物理学奖
1912 年	第十二届	格利雅	德国	有机氢化物的格利雅试剂法	化学奖*
1912 年	第十二届	萨巴蒂埃	法国	研究金属催化加氢在有机化合成中的应用	化学奖*
1912 年	第十二届	卡雷尔	法国	血管缝合和器官移植	医学奖
1912 年	第十二届	霍普特曼	德国	剧本《织工们》	文学奖
1912 年	第十二届	鲁特	美国	促使24项双边仲裁协定	和平奖
1913 年	第十三届	卡曼林欧尼斯	荷兰	研究物质在低温下的性质等	物理学奖
1913 年	第十三届	韦尔纳	瑞士	分子中原子键合方面的作用	化学奖
1913 年	第十三届	里歇特	法国	对过敏性的研究	医学奖
1913 年	第十三届	泰戈尔	印度	诗《新月集》等著作	文学奖
1913 年	第十三届	拉方丹	比利时	促使日内瓦和平会议通过组止空战决议	和平奖
1914 年	第十四届	劳厄	德国	发现晶体的 X 射线衍射	物理学奖
1914 年	第十四届	理查兹	美国	精确测定若干种元素的原子量	化学奖
1914 年	第十四届	巴拉尼	奥地利	前庭器官方面的研究	医学奖
1915 年	第十五届	威廉·亨利·布拉格 威康·劳伦斯·布拉格	英国	用 X 射线分析晶体结构	物理学奖

年 份	届 数	姓 名	国 别	主要贡献	奖 项
1915 年	第十五届	威尔泰	德国	对叶绿素化学结构的研究	化学奖
1915 年	第十五届	罗曼·罗兰	法国	小说《约翰·克里斯朵夫》著作	文学奖*
1916 年	第十六届	海登斯坦	瑞典	诗《朝圣与漂泊的年代》	文学奖*
1917 年	第十七届	巴克拉	英国	发现 X 射线对元素的特征发射	物理学奖
1917 年	第十七届	吉勒鲁普	丹麦	小说《日耳曼人的徒工》著作	文学奖
1917 年	第十七届	彭托皮丹	丹麦	小说《希望之乡》等著作	文学奖
1917 年	第十七届	1863 年成立的国际红十字委员会		建立战俘与家属通讯方面的大量工作	和平奖
1918 年	第十八届	普朗克	德国	创立量子论,发现基本量子	物理学奖
1918 年	第十八届	哈伯	德国	氨的合成	化学奖
1919 年	第十九届	斯塔克	德国	正离子射线的多普勒的效应等	物理学奖
1919 年	第十九届	博尔德	比利时	建立新的免疫学诊断法	医学奖
1919 年	第十九届	斯皮特勒	瑞士	史诗《奥林匹亚的春天》著作	文学奖
1919 年	第十九届	威尔逊	美国	倡议创立国际联盟	和平奖
1920 年	第二十届	纪尧姆	瑞士	发现合金中的反常性质	物理学奖
1920 年	第二十届	能斯脱	德国	发现热力学第三定律	化学奖
1920 年	第二十届	克罗格	丹麦	发现毛细血管的调节机理	医学奖
1920 年	第二十届	汉姆生	挪威	小说《土地的成长》等著作	文学奖

年 份	届 数	姓 名	国 别	主要贡献	奖 项
1920 年	第二十届	布尔茨瓦	法国	创立国际联盟	和平奖
1921 年	第二十一届	爱因斯坦	美籍德裔	阐明光电效应原理	物理学奖
1921 年	第二十一届	索迪	英国	研究放射化学	化学奖
1921 年	第二十一届	法郎士	法国	小说《现代史话》著作	文学奖
1921 年	第二十一届	布兰延 兰格	瑞典 挪威	倡导国际和平	和平奖
1922 年	第二十二届	玻尔	丹麦	研究原子结构及其辐射	物理学奖
1922 年	第二十二届	阿斯顿	英国	用质谱仪发现多种同位素等	化学奖
1922 年	第二十二届	希尔	英国	发现肌肉生热	医学奖*
1922 年	第二十二届	迈尔霍夫	德国	研究肌肉中氧的消耗和乳酸代谢	医学奖*
1922 年	第二十二届	贝纳文特·马丁内斯	西班牙	剧本《利害关系》等著作	文学奖
1922 年	第二十二届	南森	挪威	领导国际赈济饥荒工作	和平奖
1923 年	第二十三届	密立根	美国	测量电子电荷,并研究光电效应	物理学奖
1923 年	第二十三届	普雷格尔	奥地利	有机物的微量分析法	化学奖
1923 年	第二十三届	班延 麦克劳德	加拿大 英国	发现胰岛素	医学奖
1923 年	第二十三届	叶芝	爱尔兰	诗剧《胡里痕的凯瑟琳》著作	文学奖
1924 年	第二十四届	西格班	瑞典	研究 X 射线光谱学	物理学奖
1924 年	第二十四届	埃因托芬	荷兰	发现心电图机制	医学奖
1924 年	第二十四届	莱蒙特	波兰	小说《农民》著作	文学奖
1925 年	第二十五届	弗兰克、赫兹	德国	阐明原子受电子碰撞的能量转换定律	物理学奖

年 份	届 数	姓 名	国 别	主要贡献	奖 项
1925 年	第二十五届	席格蒙迪	奥地利	阐明胶体溶液的复相性质	化学奖
1925 年	第二十五届	肖伯纳	爱尔兰	剧本《圣女贞德》著作	文学奖
1925 年	第二十五届	张伯伦	英国	策划签订《洛迦诺公约》	和平奖*
1925 年	第二十五届	道威斯	美国	制定道威斯计划	和平奖*
1926 年	第二十六届	佩林	法国	研究物质结构的不连续性,测定原子量	物理学奖
1926 年	第二十六届	斯韦德堡	瑞典	发明高速离心机前用于高分散胶体物质的研究	化学奖
1926 年	第二十六届	菲比格	丹麦	对癌症的研究	医学奖
1926 年	第二十六届	黛莱达	意大利	小说《离婚之后》等著作	文学奖
1926 年	第二十六届	白里安	法国	促进《洛迦诺和约》的签订	和平奖*
1926 年	第二十六届	施特莱斯曼	德国	对欧洲各国的谅解作出贡献	和平奖
1927 年	第二十七届	康普顿	美国	发现散射 X 射线的波长变化	物理学奖
1927 年	第二十七届	威尔逊	英国	发明可以看见带电粒子轨迹的云雾室	物理学奖
1927 年	第二十七届	维兰德	德国	发现胆酸及其化学结构	化学奖
1927 年	第二十七届	尧雷格	奥地利	研究精神病学、治疗麻痹性痴呆	医学奖
1927 年	第二十七届	柏格森	法国	哲学著作《创造进化论》	文学奖
1927 年	第二十七届	比松	法国	多方谋求和平与法德和好	和平奖
1927 年	第二十七届	奎德	德国	反对非法军事训练	和平奖

年　份	届　数	姓　名	国　别	主要贡献	奖　项
1928 年	第二十八届	理查森	英国	发现电子发射与温度关系的基本定律	物理学奖
1928 年	第二十八届	温道斯	德国	研究丙醇及其维生素的关系	化学奖
1928 年	第二十八届	尼科尔	法国	对斑疹伤寒的研究	医学奖
1928 年	第二十八届	温塞特	挪威	小说《克里斯门·拉夫朗的女儿》	文学奖
1929 年	第二十九届	德布罗意	法国	提出粒子具有波粒二项性	物理学奖
1929 年	第二十九届	哈登	英国	有关糖的发酵和酶在发酵中作用研究	化学奖*
1929 年	第二十九届	奥伊勒歇尔平	瑞典	有关糖的发酵和酶在发酵中的作用	化学奖*
1929 年	第二十九届	艾克曼	荷兰	发现防治脚气病的维生素 B1	医学奖*
1929 年	第二十九届	霍普金斯	英国	发现促进生命生长的维生素	医学奖*
1929 年	第二十九届	曼	德国	小说《布登勃洛克一家》著作	文学奖
1929 年	第二十九届	凯洛格	美国	在签定《凯洛格·白里安公约》的工作	和平奖
1930 年	第三十届	拉曼	印度	研究光的散射,发现拉曼效应	物理学奖
1930 年	第三十届	费歇尔	德国	研究血红素和叶绿素,合成血红素	化学奖
1930 年	第三十届	兰斯坦纳	美国	研究人体血型分类、并发现四种主要血型	医学奖

年　份	届　数	姓　名	国　别	主要贡献	奖　项
1930 年	第三十届	刘易斯	美国	小说《大街》等著作	文学奖
1930 年	第三十届	瑟德布洛姆	瑞典	努力谋求世界和平	和平奖
1931 年	第三十一届	博施、伯吉龙斯	德国	发明高压上应用的高压方法	化学奖
1931 年	第三十一届	瓦尔堡	德国	发现呼吸酶的性质的作用	医学奖
1931 年	第三十一届	卡尔费尔特	瑞典	诗集《荒原和爱情之歌》著作	文学奖
1931 年	第三十一届	亚当斯	美国	争取妇女、黑人移居的权利	和平奖 *
1931 年	第三十一届	巴特勒	美国	促进国际相互了解	和平奖 *
1932 年	第三十二届	海森堡	德国	提出量子力学中的测不准原理	物理学奖
1932 年	第三十二届	朗缪尔	美国	提出并研究表面化学	化学奖
1932 年	第三十二届	艾德里安	英国	发现神经元的功能	医学奖 *
1932 年	第三十二届	谢灵顿	英国	发现中枢神经反射活动的规律	医学奖 *
1932 年	第三十二届	高尔斯华绥	英国	长篇小说《福尔赛世家》著作	文学奖
1933 年	第三十三届	狄拉克 薛定谔	英国 奥地利	建立量子力学中的波动方程	物理学奖
1933 年	第三十三届	摩尔根	美国	创立染色体遗传理论	医学奖
1933 年	第三十三届	蒲宁	苏联	小说《旧金山来的绅士》著作	文学奖
1933 年	第三十三届	安吉尔	英国	证论战争会给国家带来利益的荒谬性	和平奖
1934 年	第三十四届	尤里	美国	发现重氢	化学奖

年 份	届 数	姓 名	国 别	主要贡献	奖 项
1934年	第三十四届	迈诺特、墨菲、惠普尔	美国	发现治疗贫血的肝制剂	医学奖
1934年	第三十四届	皮兰德娄	意大利	剧本《六个寻找作者的剧中人》著作	文学奖
1934年	第三十四届	亨德森	英国	热心裁减军备工作	和平奖
1935年	第三十五届	查德威克	英国	发现中子	物理学奖
1935年	第三十五届	约里奥·居里	法国	合成人工放射性元素	化学奖
1935年	第三十五届	斯佩曼	德国	发现胚胎的组织效应	医学奖
1935年	第三十五届	奥西茨基	德国	揭露德国秘密重整军备	和平奖
1936年	第三十六届	赫斯	奥地利	发现宇宙辐射	物理学奖*
1936年	第三十六届	安德林	美国	发现正电子	物理学奖*
1936年	第三十六届	德拜	荷兰	X射线的偶极矩和衍射及气体中的电子方面的研究	化学奖
1936年	第三十六届	家戴尔 勒维	英国 德国	发现神经脉冲的化学传递	医学奖
1936年	第三十六届	奥尼尔	美国	剧本《天边外》等著作	文学奖
1936年	第三十六届	拉马斯	阿根廷	对结束玻利维亚和巴拉圭战争作出贡献	和平奖
1937年	第三十七届	戴维森 汤姆逊	美国 英国	发现电子在晶体中的衍射现象	物理学奖
1937年	第三十七届	霍沃恩	英国	研究碳水化合物和维生素	医学奖*
1937年	第三十七届	卡勒	瑞士	研究胡萝卜素、黄素和维生素	医学奖*
1937年	第三十七届	森特哲尔吉	匈牙利	发现维生素C	医学奖*

年　份	届　数	姓　名	国　别	主要贡献	奖　项
1937 年	第三十七届	马丁·杜加尔	法国	小说《若望·巴鲁瓦》著作	文学奖
1937 年	第三十七届	塞西尔	英国	维护国际和平	和平奖
1938 年	第三十八届	费米	意大利	用中子辐射产生人工放射性元素	物理学奖
1938 年	第三十八届	库恩	德国	研究类胡萝卜素和维生素	化学奖
1938 年	第三十八届	海曼斯	比利时	发现呼吸调节中劲动脉窦和主动脉窦的作用	医学奖
1938 年	第三十八届	赛珍珠	美国	小说《大地》著作	文学奖
1938 年	第三十八届	1931 年成立的高森国际难民办公室			和平奖
1939 年	第三十九届	劳伦斯	美国	发明回旋加速器	物理学奖
1939 年	第三十九届	布特南特	德国	性激素方面的工作	化学奖 *
1939 年	第三十九届	卢齐卡	瑞士	聚甲烯和性激素方面的研究工作	化学奖 *
1939 年	第三十九届	多马克	德国	发现磺胺的抗菌作用	医学奖
1939 年	第三十九届	西伦佩	芬兰	小说《夏夜的人们》著作	文学奖
1943 年	第四十三届	斯特恩	美国	发明质子磁矩	物理学奖
1943 年	第四十三届	赫维西	匈牙利	在化学研究中用同位素作示踪物	化学奖
1943 年	第四十三届	达姆	丹麦	发现维生素 K	医学奖 *
1943 年	第四十三届	多伊西	美国	研究维生素 K 的化学性质	医学奖 *
1944 年	第四十四届	拉比	美国		物理学奖
1944 年	第四十四届	哈恩	德国	发现重原子核的裂变	化学奖

年 份	届 数	姓 名	国 别	主要贡献	奖 项
1944 年	第四十四届	厄兰格、加塞	美国	发现单一神经纤维的高度机能分化	医学奖
1944 年	第四十四届	延森	丹麦	历史小说《漫长的旅程》著作	文学奖
1944 年	第四十四届	国际红十字委员		为资助国际红十字会的工作	和平奖
1945 年	第四十五届	泡利	奥地利	发现量子的不相容原理	物理学奖
1945 年	第四十五届	维尔塔宁	芬兰	发明酸化法贮存鲜饲料	化学奖*
1945 年	第四十五届	弗莱明、弗洛里、钱恩	英国	发现青霉素及其临床效用	医学奖*
1945 年	第四十五届	米斯特拉尔	智利	西班牙语诗歌创作上的成就	文学奖
1945 年	第四十五届	赫尔	美国	促进联合国的诞生	和平奖
1946 年	第四十六届	布里奇曼	美国	高压物理学的一系列发现	物理学奖
1946 年	第四十六届	萨姆纳	美国	发现酶结晶	化学奖
1946 年	第四十六届	诺思罗普、斯坦利	美国	制出酶和病素蛋白质纯结晶	化学奖
1946 年	第四十六届	马勒	美国	发现 X 射线辐照引起变异	医学奖
1946 年	第四十六届	海塞	瑞士	小说《玻璃球游戏》著作	文学奖
1946 年	第四十六届	巴尔奇	美国	参加创立美国工会妇女同盟，妇女争取和平和自由国际同盟	和平奖*
1946 年	第四十六届	莫特	美国	创建世界范围的基督教组织	和平奖*

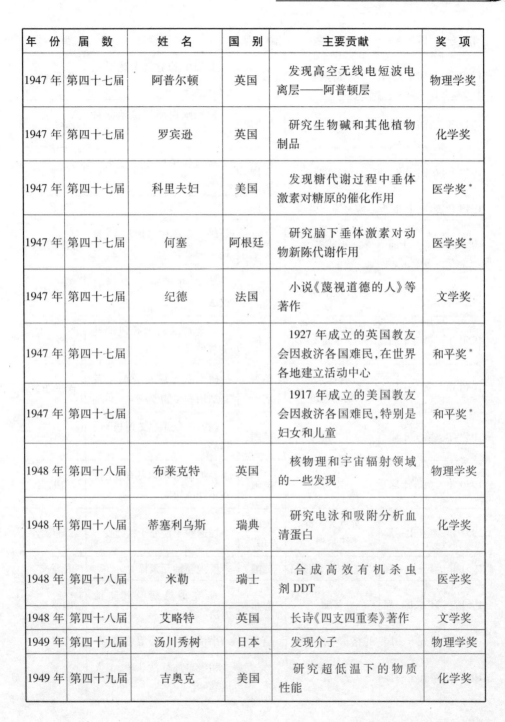

年　份	届　数	姓　　名	国　别	主要贡献	奖　项
1947 年	第四十七届	阿普尔顿	英国	发现高空无线电短波电离层——阿普顿层	物理学奖
1947 年	第四十七届	罗宾逊	英国	研究生物碱和其他植物制品	化学奖
1947 年	第四十七届	科里夫妇	美国	发现糖代谢过程中垂体激素对糖原的催化作用	医学奖 *
1947 年	第四十七届	何塞	阿根廷	研究脑下垂体激素对动物新陈代谢作用	医学奖 *
1947 年	第四十七届	纪德	法国	小说《蔑视道德的人》等著作	文学奖
1947 年	第四十七届			1927 年成立的英国教友会因救济各国难民,在世界各地建立活动中心	和平奖 *
1947 年	第四十七届			1917 年成立的美国教友会因救济各国难民,特别是妇女和儿童	和平奖 *
1948 年	第四十八届	布莱克特	英国	核物理和宇宙辐射领域的一些发现	物理学奖
1948 年	第四十八届	蒂塞利乌斯	瑞典	研究电泳和吸附分析血清蛋白	化学奖
1948 年	第四十八届	米勒	瑞士	合成高效有机杀虫剂 DDT	医学奖
1948 年	第四十八届	艾略特	英国	长诗《四支四重奏》著作	文学奖
1949 年	第四十九届	汤川秀树	日本	发现介子	物理学奖
1949 年	第四十九届	吉奥克	美国	研究超低温下的物质性能	化学奖

年　份	届　数	姓　名	国　别	主要贡献	奖　项
1949 年	第四十九届	赫斯	瑞士	发现中脑有调节内脏活动的功能	医学奖*
1949 年	第四十九届	莫尼兹	葡萄牙	发现脑白质切除治疗精神病的功效	医学奖*
1949 年	第四十九届	福克纳	美国	对当代美国小说作出的贡献	文学奖
1949 年	第四十九届	博尹德·奥尔	英国		和平奖
1950 年	第五十届	鲍威尔	英国	研究原子核摄影技术、发现介子	物理学奖
1950 年	第五十届	狄尔斯、阿尔德	德国	发现并发展了双稀合成法	化学奖
1950 年	第五十届	亨奇	美国	发现可的松治疗风湿性关节炎	医学奖*
1950 年	第五十届	肯德尔 莱西斯坦	美国 瑞士	研究肾上腺皮质激素及其结构和生物效应	医学奖*
1950 年	第五十届	罗素	英国	《捍卫人道主义理想》的作品	文学奖
1950 年	第五十届	本奇	美国	参加调解阿以战争,主持签定停战协定	和平奖
1951 年	第五十一届	科克劳夫特 沃尔顿	英国 爱尔兰	加速粒子使原子核嬗变	物理学奖
1951 年	第五十一届	麦克米伦、西博格	美国	发现超轴元素锋等	化学奖
1951 年	第五十一届	蒂勒	南非	研究黄热病及其防治方法	医学奖
1951 年	第五十一届	拉格尔克维斯特	瑞典	小说《刽子手》等著作	文学奖
1951 年	第五十一届	茹奥	法国	积极参加反战斗争、工人运动	和平奖

年 份	届 数	姓 名	国 别	主要贡献	奖 项
1952 年	第五十二届	布洛赫、珀赛尔	美国	建立核子感应理论,创立核子磁力测量法	物理学奖
1952 年	第五十二届	马丁、辛格	英国	发明分红色谱法	化学奖
1952 年	第五十二届	瓦克斯曼	美国	发现链霉素	医学奖
1952 年	第五十二届	莫里亚克	法国	小说《给麻疯病人的亲吻》著作	文学奖
1952 年	第五十二届	施韦泽	法国	在为非洲人民服务中表现出自我牺牲的精神	和平奖
1953 年	第五十三届	塞尔尼克	荷兰	发明相位差显微镜	物理学奖
1953 年	第五十三届	施陶丁格	德国	对高分子化学的研究	化学奖
1953 年	第五十三届	李普曼	美国	发现辅酶 A 及其中间代谢作用	医学奖 *
1953 年	第五十三届	克雷布斯	英国	阐明合成尿素的的鸟氨酸循环和三羧循环	医学奖 *
1953 年	第五十三届	丘吉尔	英国	艺术性历史文献《第二次世界大战回忆录》	文学奖
1953 年	第五十三届	马歇尔	美国	战后"对欧洲经济所作的贡献,对促进国际和平所作的努力"	和平奖
1954 年	第五十四届	玻恩	德国	对粒子波函数的统计解释	物理学奖 *
1954 年	第五十四届	博特	德国	发明符合计数法	物理学奖 *
1954 年	第五十四届	鲍林	美国	研究化学键的性质和复杂分子绍构	化学奖
1954 年	第五十四届	恩德斯、韦勒、罗宾斯	美国	培养小儿麻痹病毒成功	医学奖
1954 年	第五十四届	海明威	美国	小说《战地钟声》等著作	文学奖

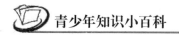

年　份	届　数	姓　名	国　别	主要贡献	奖　项
1954 年	第五十四届	1951 年成立的联合国难民事务所高级专员署		在第二次世界大战中为难民提供国际保护	和平奖
1955 年	第五十五届	兰姆	美国	研究氢原子光谱的精细结构	物理学奖 *
1955 年	第五十五届	库什	美国	精密测量出电子磁矩	物理学奖 *
1955 年	第五十五届	迪维格诺德	美国	第一次合成多肽激素	化学奖
1955 年	第五十五届	西奥霄尔	瑞典	发现氧化酶的性质和作用	医学奖
1955 年	第五十五届	拉克斯内斯	冰岛	写了恢复冰岛古代史诗的艺术作品	文学奖
1956 年	第五十六届	肖克利、巴丁、布拉顿	美国	研究半导体、发明晶体管	物理学奖
1956 年	第五十六届	欣谢尔伍德谢苗诺夫	英国苏联	研究化学反应动力学和链式反应	化学奖
1956 年	第五十六届	福斯曼理查兹、库南德	德国美国	发明心导管插入术和循环的变化	医学奖
1956 年	第五十六届	希梅内斯	西班牙	长诗《一个新婚诗人的日记》	文学奖
1957 年	第五十七届	杨振宁、李政道	美籍华裔	发现在弱对称下宇称不守恒原理	物理学奖
1957 年	第五十七届	托德	英国	研究核苷酸和核苷酸辅酶	化学奖
1957 年	第五十七届	博韦	意大利	发明抗过敏反应特效药	医学奖
1957 年	第五十七届	加缪	法国	小说《陌生人》等著作	文学奖
1957 年	第五十七届	皮尔逊	加拿大	在英、法、以色列军队全部撤出埃及领土起了调节人的作用	和平奖

年　份	届　数	姓　　名	国　别	主要贡献	奖　项
1958 年	第五十八届	切伦科夫、弗兰克、塔姆	苏联	发现并解释切伦科夫效应	物理学奖
1958 年	第五十八届	桑格	英国	确定胰岛素分子结构	化学奖
1958 年	第五十八届	比德尔、塔特姆	美国	对化学过程的遗传调节的研究	医学奖*
1958 年	第五十八届	莱德伯格	美国	有关细菌的基因重组和遗传物质结构方面的发现	医学奖*
1958 年	第五十八届	帕斯捷尔克	苏联	小说《日瓦戈医生》	文学奖
1958 年	第五十八届	皮尔	比利时	在许多地方组织难民救济机构	和平奖
1959 年	第五十九届	塞格雷、张伯论	美国	确证反质子的存在	物理学奖
1959 年	第五十九届	海洛夫斯基	捷克斯洛伐克	发现并发展极谱分析法，开创极谱学	化学奖
1959 年	第五十九届	奥乔亚、科恩伯格	美国	人工合成核酸，并发现其生理作用	医学奖
1959 年	第五十九届	夸西莫多	意大利	诗《水与土》等著作	文学奖
1959 年	第五十九届	诺埃尔·贝克	英国	对国际和平事业作出贡献	和平奖
1960 年	第六十届	格拉雷	美国	发明气泡室	物理学奖
1960 年	第六十届	利比	美国	创立放射性碳测定法	化学奖
1960 年	第六十届	伯内特梅达沃	澳大利亚英国	发现并证实动物抗体的获得性免疫耐受性	医学奖
1960 年	第六十届	佩斯	法国	诗歌《幻想的形式》著作	文学奖
1960 年	第六十届	卢图利	南非	持久进行反种族主义的正义斗争	和平奖
1961 年	第六十一届	霍夫斯塔特	美国	确定原子核的形状与大小	物理学奖*

年 份	届 数	姓 名	国 别	主要贡献	奖 项
1961 年	第六十一届	穆斯堡尔	德国	发现穆斯堡尔效应	物理学奖*
1961 年	第六十一届	卡尔文	美国	研究植物光合作用中的化学过程	化学奖
1961 年	第六十一届	贝凯西	美国	研究耳蜗感音的物理机制	医学奖
1961 年	第六十一届	安德利奇	南斯拉夫	历史小说《德里纳河上的桥》著作	文学奖
1961 年	第六十一届	哈马舍尔德	瑞典	努力解决国际争端,促进国际和平	和平奖
1962 年	第六十二届	兰道	苏联	研究物质凝聚和超流超导现象	物理学奖
1962 年	第六十二届	肯德鲁、佩鲁茨	英国	研究蛋白质的分子结构	化学奖
1962 年	第六十二届	克里克、威尔金斯、沃森	英国 美国	发现脱氧核糖核酸的分子结构	医学奖
1962 年	第六十二届	斯坦贝克	美国	小说《愤怒的葡萄》著作	文学奖
1962 年	第六十二届	鲍林	美国	联合美国及其它 49 个国家的科学家呼吁停止核武器实验	和平奖
1963 年	第六十三届	詹森 梅耶	德国 美国	创立原子核结构的壳模型理论	物理学奖*
1963 年	第六十三届	维格纳	美国	发现原子核中质子和中子相互作用力的对称原理	物理学奖*
1963 年	第六十三届	纳塔 齐格勒	意大利 德国	合成高分子塑料	化学奖
1963 年	第六十三届	埃克尔斯 霍奇金、赫克斯利	澳大利亚 英国	研究神经脉冲、神经纤维传递	医学奖
1963 年	第六十三届	塞菲里斯	希腊	诗集《航海日志》著作	文学奖

年 份	届 数	姓 名	国 别	主要贡献	奖 项
1963 年	第六十三届	红十字国际委员会		缓和国际紧张局势的有力工作	和平奖
1964 年	第六十四届	汤斯 巴索夫、普罗霍罗夫	美国 苏联	制成微波激射器和激光器	物理学奖
1964 年	第六十四届	霍奇金	英国	用 X 射线方法研究青霉和维生素 B12 等的分子结构	化学奖
1964 年	第六十四届	布洛赫 吕南	美国 德国	发现胆固醇和脂肪酸的代谢	医学奖
1964 第	第六十四届	萨特	法国	作品《思想丰富，充满…探求真理的精神》	文学奖
1964 年	第六十四届	马丁·路德·金	美国	为争取黑人权利不懈斗争	和平奖
1965 年	第六十五届	温格、费曼 朝永振一郎	美国 日本	研究量子电动学基本原理	物理学奖
1965 年	第六十五届	伍德沃德	美国	人工合成类固醇、叶绿素等物质	化学奖
1965 年	第六十五届	雅各布、利沃夫、莫洛	法国	发现体细胞的规律性活动	医学奖
1965 年	第六十五届	肖洛霍夫	苏联	小说《静静的顿河》著作	文学奖
1965 年	第六十五届	1946 年成立的联合国儿童基金会			和平奖
1966 年	第六十六届	卡斯特勒	法国	发现、研究原子中赫兹共振的光学方法	物理学奖
1966 年	第六十六届	马利肯	美国	创立化学结构分子轨道学说	化学奖

年 份	届 数	姓 名	国 别	主要贡献	奖 项
1966 年	第六十六届	哈金斯、劳斯	美国	研究治癌原因及其治疗	医学奖
1966 年	第六十六届	阿格农	以色列	《深刻而具有特色的叙事艺术》	文学奖*
1966 年	第六十六届	萨克斯	瑞典	作品以《感人的力量表达了以色列的命运》	文学奖*
1967 年	第六十七届	贝蒂	美国	发现恒星的能量来源	物理学奖
1967 年	第六十七届	艾根 波特	德国 英国	发明快速测定化学反应的技术	化学奖
1967 年	第六十七届	哈特兰	美国	研究视觉和视网膜的生理功能	医学奖*
1967 年	第六十七届	沃尔德	美国	研究视觉的心理特别是视色素	医学奖*
1967 年	第六十七届	格拉尼特	瑞典	发现视网膜的抑制过程	医学奖*
1967 年	第六十七届	阿斯图里亚斯	危地马拉	小说《总统先生》等著作	文学奖
1968 年	第六十八届	阿尔瓦雷斯	美国	发现了氢泡室及其分析技术、发现了共振态	物理学奖
1968 年	第六十八届	昂萨格	美国	创立多种热动力作用之间相互关系的理论	化学奖
1968 年	第六十八届	霍利、科拉纳、尼伦伯格	美国	解释遗传密码	医学奖
1968 年	第六十八届	川端康成	日本	小说《雪国》等著作	文学奖
1968 年	第六十八届	卡森	法国	抗击法西斯侵略保卫世界和平	和平奖
1969 年	第六十九届	盖尔曼	美国	发现亚原子粒子及其相互作用分类法	物理学奖

年 份	届 数	姓 名	国 别	主要贡献	奖 项
1969 年	第六十九届	巴顿 哈赛尔	英国 挪威	在测定有机化合物的三维构相方面的工作	化学奖
1969 年	第六十九届	德尔布吕克、赫尔希、卢里亚	美国	研究并发现病毒和病毒病	医学奖
1969 年	第六十九届	贝克特	法国	在荒诞派戏剧中的贡献	文学奖
1969 年	第六十九届	1919 年成立的国际劳工组织		在半个世纪中为反对失业和贫困所作出的贡献	和平奖
1969 年	第六十九届	弗里希 丁伯根	挪威 荷兰	创立计量经济学,运用动态模型分析经济活动	经济学奖
1970 年	第七十届	阿尔文	瑞典	在磁流体动力学中的发现	物理学奖*
1970 年	第七十届	奈尔	法国	发现反铁磁性的亚铁磁性	物理学奖*
1970 年	第七十届	莱格伊尔	阿根廷	发现糖核贰酸及其在碳水化合的的生物合成中的作用	化学奖
1970 年	第七十届	阿克塞尔罗德 卡茨 奥伊勒	美国 英国 瑞典	发现神经传递的化学基础	医学奖
1970 年	第七十届	博劳格	美国	对第三世界粮食增产作出贡献	和平奖
1970 年	第七十届	塞缪尔森	美国	对经济理论的科学分析	经济学奖
1971 年	第七十一届	加博尔	英国	发明全息照相技术	物理学奖
1971 年	第七十一届	赫茨伯格	加拿大	研究分子结构	化学奖*
1971 年	第七十一届	安芬森	美国	研究核糖核酸梅的分子结构	化学奖*
1971 年	第七十一届	萨瑟兰	英国	在分子水平上阐明激素的作用机理	医学奖

年 份	届 数	姓 名	国 别	主要贡献	奖 项
1971 年	第七十一届	聂鲁达	智利	诗歌《复苏了一个大陆的命运和梦想》	文学奖
1971 年	第七十一届	勃兰特	德国	"缓和二次大战后欧洲紧张局势"	和平奖
1971 年	第七十一届	库兹涅茨	美国	对国民生产总值和经济增长的开创性研究	经济学奖
1972 年	第七十二届	巴丁、库珀、施里弗	美国	创立超导理论（BCS 理论）	物理学奖
1972 年	第七十二届	穆尔、斯坦因	美国	研究核糖核酸梅的分子结构	化学奖
1972 年	第七十二届	埃德尔曼 波特	美国 英国	对抗体化学结构的研究	医学奖
1972 年	第七十二届	伯尔	德国	对复兴德国文学作出了贡献	文学奖
1972 年	第七十二届	希克斯、阿罗	美国	一般经济平衡理论和福利理论	经济学奖
1973 年	第七十三届	江崎岭于奈	日本	发现半导体中的隧道效应并发明隧道二极管	物理学奖*
1973 年	第七十三届	贾埃沃	美国	发现超导体隧道钻单电子隧道效应	物理学奖*
1973 年	第七十三届	约瑟夫森	英国	创立超导电流通过的势垒的约瑟夫森效应	物理学奖*
1973 年	第七十三届	费舍尔 威尔金森	德国 英国	有机金属化学的广泛研究	化学奖
1973 年	第七十三届	弗里施、洛伦茨 延泊根	奥地利 英国	发现动物习性分类	医学奖
1973 年	第七十三届	怀特	澳大利亚	小说《暴风眼》	文学奖

年　份	届　数	姓　名	国　别	主要贡献	奖　项
1973 年	第七十三届	基辛格 黎德寿	美国 越南	越南停火谈判成功	和平奖
1973 年	第七十三届	列昂捷夫	美国	发展了投入产出分析法	经济学奖
1974 年	第七十四届	赖尔	英国	对射电天文学观技术方面的创造	物理学奖*
1974 年	第七十四届	赫威斯	英国	研究射电望远镜发现脉冲星	物理学奖*
1974 年	第七十四届	弗洛里	美国	研究高分子化学及其物理性质和结构	化学奖
1974 年	第七十四届	克劳德	美国	研究细胞的结构和功能	医学奖*
1974 年	第七十四届	德·迪夫	比利时	发现溶酶体	医学奖*
1974 年	第七十四届	帕拉德	美国	发现核糖核蛋白质	医学奖*
1974 年	第七十四届	约翰松	瑞典	小说《克里隆三部曲》	文学奖*
1974 年	第七十四届	马丁松	瑞典	"其作品透过一滴露珠反映了整个世界"	文学奖*
1974 年	第七十四届	佐藤荣作	日本	推行稳定太平洋地区的和解政策	和平奖*
1974 年	第七十四届	麦克布赖	爱尔兰	解决国际间棘手问题	和平奖*
1974 年	第七十四届	米达尔 海克	瑞典 英国	在货币理论和经济周期理论方面的首创性研究	经济学奖
1975 年	第七十五届	玻尔、莫特尔森 雷恩沃特	丹麦 美国	创立原子结构新理论	物理学奖
1975 年	第七十五届	康福思	英国	研究有机分子和酶催化反应得立体化学	化学奖*
1975 年	第七十五届	普雷洛洛	瑞士	研究有机分子及其反应的立体化学	化学奖*

年 份	届 数	姓 名	国 别	主要贡献	奖 项
1975 年	第七十五届	杜尔贝科、特明、巴尔德摩	美国	研究肿瘤病毒与遗传物质相互关系	医学奖
1975 年	第七十五届	蒙塔莱	意大利	"独树一帜的诗歌创作阐明了人的价值	文学奖
1975 年	第七十五届	萨哈罗夫	苏联	"在人类和平事业中的个人的和无畏的努力"	和平奖
1975 年	第七十五届	康托罗维奇库普曼斯	苏联美国	资源最优利用理论	经济学奖
1976 年	第七十六届	里克特丁肇中	美国美籍华裔	发现新的基本粒子	物理学奖*
1976 年	第七十六届	安德林	美国	在磁学和无序体系物质理论方面的成就	物理学奖*
1976 年	第七十六届	利普斯科姆	美国	研究硼烷的结构	化学奖
1976 年	第七十六届	布卢姆伯格、盖达塞克	美国	研究传染病的起因和传染	医学奖
1976 年	第七十六届	贝洛	美国	小说《洪堡的礼物》	文学奖
1976 年	第七十六届	科里根、威廉斯	英国	在北爱尔兰进行反恐怖主义的和平运动	和平奖
1976 年	第七十六届	弗里德曼	美国	消费分析·货币理论和经济稳定性	经济学奖
1977 年	第七十七届	莫特	英国	磁性非晶态固体中电子性状的研究	物理学奖*
1977 年	第七十七届	范弗莱克	美国	对磁学的巨大贡献	物理学奖*
1977 年	第七十七届	普里戈金	比利时	提出热力学理论中的耗散结构	化学奖

年 份	届 数	姓 名	国 别	主要贡献	奖 项
1977 年	第七十七届	耶洛	美国	建立放射免疫分析法	医学奖*
1977 年	第七十七届	吉耶曼、沙利	美国	合成下丘脑释放因素	医学奖*
1977 年	第七十七届	亚莱克桑德雷	西班牙	诗集《毁灭或实情》	文学奖
1977 年	第七十七届	大赦国际		对宗教、政治等原因被监禁的人给予人道主义的支持	和平奖
1977 年	第七十七届	奥林	瑞典	国际贸易理论体系	经济学奖*
1977 年	第七十七届	米德	英国	国际贸易和国际资本移动理论	经济学奖*
1978 年	第七十八届	卡皮察	苏联	发明并利用氦的液化器	物理学奖*
1978 年	第七十八届	彭齐亚斯、威尔逊	美国	发现宇宙 微波背景辐射	物理学奖*
1978 年	第七十八届	米切尔	英国	生物系统中的能量转移过程	化学奖
1978 年	第七十八届	阿尔伯 史密斯、内森斯	瑞士 美国	发现并应用脱氧核糖核酸的限制酶	医学奖
1978 年	第七十八届	辛格	美国	"充满激情的叙事艺术"	文学奖
1978 年	第七十八届	贝京 萨达特	以色列 埃及	签订关于中东问题的戴维营协定	和平奖
1978 年	第七十八届	西蒙	美国	研究国际经济组织中的决断过程	经济学奖
1979 年	第七十九届	格拉肖、温伯格 萨拉姆	美国 巴基斯坦	提出亚原子粒子的弱作用的电磁作用的统一理论	物理学奖
1979 年	第七十九届	布朗因 维蒂希	美国 德国	在有机物合成中引入硼和磷	化学奖
1979 年	第七十九届	科马克 豪斯费尔德	美国 英国	发明 CT 扫描	医学奖
1979 年	第七十九届	埃利蒂斯	希腊	长篇叙事诗《俊杰》	文学奖

年 份	届 数	姓 名	国 别	主要贡献	奖 项
1979 年	第七十九届	特里萨修女	印度	在许多国家办慈善事业	和平奖
1979 年	第七十九届	刘易斯	美国	经济增长理论特别是发展中国家经济增长理论	经济学奖*
1979 年	第七十九届	舒尔茨	美国	发展中国家的经济、农业经济理论	经济学奖*
1980 年	第八十届	克罗宁、菲奇	美国	发现 K 介子衰变时电荷共轭宇称不守恒现象	物理学奖
1980 年	第八十届	伯格	美国	研究操纵基因重组 DNA 分子	化学奖*
1980 年	第八十届	吉尔伯特 桑格	美国 英国	创立 DNA 结构的化学和生物分析法	化学奖*
1980 年	第八十届	贝纳塞拉夫、斯内尔	美国	创立移植免疫学和免疫遗传学	医学奖*
1980 年	第八十届	多塞	法国	研究抗原抗体在输血及组织器官移植中的作用	医学奖*
1980 年	第八十届	米洛什	美国	小说《篡夺者》	文学奖
1980 年	第八十届	埃斯基维尔	阿根廷	通过非暴力形式捍卫人权	和平奖
1980 年	第八十届	克莱因	美国	商业波动经验模式的发展分析	经济学奖
1981 年	第八十一届	西格班	瑞典	发明用于化学分析的电子能谱术	物理学奖*
1981 年	第八十一届	布洛姆伯根、肖洛	美国	在光谱术中应用激光器	物理学奖*
1981 年	第八十一届	福井谦一	日本	提出化学反应边缘机道理论	化学奖*

年 份	届 数	姓 名	国 别	主要贡献	奖 项
1981 年	第八十一届	霍夫曼	美国	提出分子轨道对称守恒原理	化学奖*
1981 年	第八十一届	斯佩里	美国	研究大脑半球的功能	医学奖*
1981 年	第八十一届	维厄瑟尔 休伯尔	瑞典 美国	研究大脑视神经皮层的功能结构	医学奖*
1981 年	第八十届	康内蒂	英国	作品"视野宽阔,思想丰收富,创造性强"	文学奖
1981 年	第八十一届	1951 年成立的联合国难民事务专员署		进行大规模的难民的援助和安置工作	和平奖
1981 年	第八十一届	托宾	美国	金融市场及其对企业和家庭消费的影响	经济学奖
1982 年	第八十二届	威尔逊	美国	提出关于相变的临界现象理论	物理学奖
1982 年	第八十二届	克卢格	英国	以晶体电子显微镜和 X 射线衍射技术研究核酸蛋白复合体	化学奖
1982 年	第八十二届	伯格斯特龙、萨米尔松 范恩	瑞典 英国	对前列腺的化学与生物学研究	医学奖
1982 年	第八十二届	加西亚·马尔萨期	哥伦比亚	小说《百年孤独》	文学奖
1982 年	第八十二届	米达尔	瑞典	在为北欧建立无核区的奋斗	和平奖
1982 年	第八十二届	斯蒂格勒	美国	对政府干预经济的影响研究	经济学奖
1983 年	第八十三届	昌德拉塞卡	美国	对恒星结构方面的杰出贡献	物理学奖*

年 份	届 数	姓 名	国 别	主要贡献	奖 项
1983年	第八十三届	福勒	美国	与元素有关的核电应方面的重要实验和理论	物理学奖*
1983年	第八十三届	陶布	美国	对金属配位化合物电子能移机理的研究	化学奖
1983年	第八十三届	麦克林托克	美国	研究玉米的传座因子	医学奖
1983年	第八十三届	戈尔丁	英国	"小说具有明晰的现实主义的叙述技巧,和虚构故事的多面性和普遍性"	文学奖
1983年	第八十三届	罗夫莱斯 瓦文萨	墨西哥 波兰	在世界裁军运动中发挥了重要作用	和平奖
1983年	第八十三届	德布勒	美国	供求理论的数学证明	经济学奖
1984年	第八十四届	鲁比亚 范德梅尔	意大利 荷兰	领导发现 W± 和 Z0 粒子	物理学奖
1984年	第八十四届	梅里菲尔德	美国	对发民展新药物和遗传工程的重大贡献	化学奖
1984年	第八十四届	杰尼 科勒 米尔斯坦	丹麦 德国 阿根廷	发现生产单克隆抗体的原理	医学奖
1984年	第八十四届	塞费尔特	捷克斯洛伐克	小说《孤岛上的音乐会》等著作	文学奖
1984年	第八十四届	大主教图图	南非	努力为南非的和平解放做了巨大贡献	和平奖
1984年	第八十四届	斯通	英国	创立了计算国民收入的统一会计制度	经济学奖
1985年	第八十五届	冯克利津	德国	发现量子霍尔效应	物理学奖

年 份	届 数	姓 名	国 别	主要贡献	奖 项
1985 年	第八十五届	豪普特曼、卡尔勒	美国	发展了直接测定晶体结构的方法	化学奖
1985 年	第八十五届	布朗、戈尔茨坦	美国	在胆固醇新陈代谢方面的贡献	医学奖
1985 年	第八十五届	西蒙	法国	小说《佛兰德公路》	文学奖
1985 年	第八十五届			世界卫生反对核战争组织	和平奖
1985 年	第八十五届	莫迪利亚尼	美国	储蓄和金融市场的开拓性研究	经济学奖
1986 年	第八十六届	鲁斯卡、比尼格 罗勒	德国 瑞士	研制出扫描式隧道效应显微镜	物理学奖
1986 年	第八十六届	家赫希巴赫 李远哲	美国 美籍华裔	发现交叉分子束方法	化学奖*
1986 年	第八十六届	波拉尼	德国	发明红外线化学研究方法	化学奖*
1986 年	第八十六届	科恩	美国	发现了说明细胞发育和分裂过程如何进行的表皮生长因子	医学奖*
1986 年	第八十六届	利瓦伊·蒙塔尔奇尼	意大利	发现神经生长因子	医学奖*
1986 年	第八十六届	索英卡	尼日利亚	剧本《森林的舞蹈》	文学奖
1986 年	第八十六届	韦塞尔	美国	在 1958 年发表的小说《夜》中叙述了他在希特勒集中营的经历	和平奖
1986 年	第八十六届	布坎南	美国	在公共选择理论研究中领先	经济学奖
1987 年	第八十七届	米勒 柏诺慈	瑞士 德国	发现新型超导材料	物理学奖

年 份	届 数	姓 名	国 别	主要贡献	奖 项
1987 年	第八十七届	克拉姆	美国	合成分子量低和性能特殊化的有机化合物	化学奖*
1987 年	第八十七届	莱恩 佩德森	法国 美国	在分子的研究和应用方面的新贡献	化学奖*
1987 年	第八十七届	利根川进	日本	阐明人体怎样产生抗体抵御疾病	医学奖
1987 年	第八十七届	布罗茨基	美国	"作品的主题异乎寻常的丰富,视野极其开阔"	文学奖
1987 年	第八十七届	阿里亚斯·桑切斯	哥斯达黎加	在达成中美洲和平协议的努力	和平奖
1987 年	第八十七届	索洛	美国	经济增长和福利增加的因素	经济学奖
1988 年	第八十八届	施瓦茨、莱德曼、施泰因	美国	利用粒子加速器制出中微子	物理学奖
1988 年	第八十八届	戴森霍费尔、胡贝尔、米歇尔	德国	第一次阐明由膜束的蛋白质形成的全部细节	化学奖
1988 年	第八十八届	布莱克	英国	制成治疗冠心病的 β-受体阻滞剂——心得安	医学奖*
1988 年	第八十八届	埃利肖、希琴斯	美国	研制出不损害人的正常细胞的抗癌药物	医学奖
1988 年	第八十八届	马赫福兹	埃及	发展了阿拉伯文学	文学奖
1988 年	第八十八届	联合国维持和平部队		欧、亚、非、近东发生的冲突中执行14次任务	和平奖
1988 年	第八十八届	阿兰	法国	市场理论和高效利用资源	经济学奖

年 份	届 数	姓 名	国 别	主要贡献	奖 项
1989 年	第八十九届	拉姆齐	美国	发明观测原子辐射和计量原子辐射频率的精确方法	物理学奖*
1989 年	第八十九届	德默尔特	美国	创造冷却捕集电子的方法	物理学奖*
1989 年	第八十九届	保罗	德国	在 50 年代发明的"保罗捕集法"	物理学奖*
1989 年	第八十九届	切赫 奥尔特曼	美国 加拿大	发现核糖核酸催化功能	化学奖
1989 年	第八十九届	毕晓普、瓦穆斯	美国	发现致癌基因是遗传物质,而不是病毒	医学奖
1989 年	第八十九届	塞拉	西班牙	创作风格融合了旷达的笔法和激情	文学奖
1989 年	第八十九届	达赖喇嘛	中国		和平奖
1989 年	第八十九届	霍韦尔莫	挪威	提出验证经济理论的方法	经济学奖
1990 年	第九十届	弗里德曼、肯德尔泰勒	美国 加拿大	发现夸克的第一个证据	物理学奖
1990 年	第九十届	科里	美国	创立关于有机合成的理论和方法	化学奖
1990 年	第九十届	默里	美国	成功地完成第一例肾移植手术	医学奖*
1990 年	第九十届	托马斯	美国	开创骨髓移植	医学奖*
1990 年	第九十届	帕斯	墨西哥	作品"体现了一种完整的人道主义"	文学奖
1990 年	第九十届	戈尔巴乔夫	苏联		和平奖

年　份	届　数	姓　名	国　别	主要贡献	奖　项
1990 年	第九十届	马克威茨	美国	发展了有价证券理论	经济学奖*
1990 年	第九十届	米勒	美国	对公司财政理论的贡献	经济学奖*
1990 年	第九十届	夏普	美国	提出资本资产定价模式	经济学奖*
1991 年	第九十一届	热纳	法国	把研究简单系统有序现象的方法，应用到更为复杂物质、液晶和聚合体的组合上作出贡献	物理学奖
1991 年	第九十一届	恩斯特	瑞士	对核磁共振光谱高分辨方法发展作出重大贡献	化学奖
1991 年	第九十一届	内尔、扎克曼	德国	发现细胞中单离子道功能。发展出一种能记录极微弱电流通过单离子道的技术	医学奖
1991 年	第九十一届	戈迪默	南非	小说《贵宾》等著作	文学奖
1991 年	第九十一届	缅甸反对党全国民主联盟领导人昂山素季	缅甸		和平奖
1991 年	第九十一届	科斯	美国	揭示交易价值在经济组织结构的产权和功能中的重要性	经济学奖
1992 年	第九十二届	夏帕克	法国	发明多线路正比探测器，推动粒子探测器发展	物理学奖
1992 年	第九十二届	马库斯	美国	对化学系统中的电子转移反应理论作出贡献	化学奖
1992 年	第九十二届	费希尔、克雷布斯	美国	在逆转蛋白磷酸化作为生物调节机制的发现中作出巨大贡献	医学奖

年　份	届　数	姓　名	国　别	主要贡献	奖　项
1992 年	第九十二届	沃尔科特	圣卢西亚	以其植根于多种文化的历史想象力作出了光辉的诗作	文学奖
1992 年	第九十二届	门楚	危地马拉	为其冲破不同种族、文化和社会疆界所做出的努力	和平奖
1992 年	第九十二届	贝克尔	美国	把微观经济学的研究领域延伸到人类行为及其相互关系方面的贡献	经济学奖
1993 年	第九十三届	赫尔斯、泰勒	美国	发现一对脉冲双星，即两颗靠引力结合在一起的星，这是对爱因斯坦相对论的一项重要验证	物理学奖
1993 年	第九十三届	穆利斯	美国	发明"聚合酶链式反应"法在遗传领域研究中取得突破性成就	化学奖*
1993 年	第九十三届	史密斯	加拿大籍英裔	开创"寡聚核甙酸基定点诱变"方法	化学奖*
1993 年	第九十三届	罗伯茨 夏普	英国 美国	发现断裂基因	医学奖
1993 年	第九十三届	莫里森	美国	在富有想象力和诗意的小说中，对美国黑人生活进行了生动的描述	文学奖
1993 年	第九十三届	曼德拉、德克勒克	南非	在废除南非种族歧视政策所作出的巨大贡献	和平奖
1993 年	第九十三届	福格尔	美国	通过使用经济理论和定量方法来解释经济与机构的变化，因而更新了经济历史的研究	经济学奖

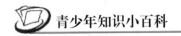

年 份	届 数	姓 名	国 别	主要贡献	奖 项
1994 年	第九十四届	布罗克豪斯沙尔	加拿大 美国	在凝聚态物质的研究中发展了中子散射技术	物理学奖
1994 年	第九十四届	欧拉	美国	在碳氢化合物即烃类研究领域作出了杰出贡献	化学奖
1994 年	第九十四届	吉尔曼、罗德贝尔	美国	发现 G 蛋白及其在细胞中转导信息的作用	医学奖
1994 年	第九十四届	约翰·纳什、约翰·海萨尼、莱因哈德·泽尔腾	美国	在非合作博弈均衡分析理论方面做出了开创性贡献,从而对博弈论和经济学产生了重大影响	经济学奖
1995 年	第九十五届	佩尔、莱因斯	美国	发现了自然界中的亚原子粒子:γ轻子、中微子	物理学奖
1995 年	第九十五届	克鲁岑 莫利纳、罗兰	德国 美国	阐述了对臭氧层产生影响的化学机理,证明了人造化学物质对臭氧层构造成破坏作用	化学奖
1995 年	第九十五届	刘易斯、维绍斯 福尔哈德	美国 德国	发现了控制早期胚胎发育的重要遗传机理,并利用果蝇作为实验系统,发现了同样适用于高等有机体(包括人)的遗传机理	医学奖
1995 年	第九十五届	罗伯特·卢卡斯	美国	倡导和发展了理性预期与宏观经济学研究的运用理论,深化了人们对经济政策的理解,并对经济周期理论提出了独到的见解	经济学奖
1996 年	第九十六届	D·M·李、奥谢罗夫、理查森	美国	发现在低温状态下可以无磨擦流动的氦 -3	物理学奖

年　份	届　数	姓　名	国　别	主要贡献	奖　项
1996 年	第九十六届	柯尔、斯莫利克罗托因	美国英国	发现了碳元素的新形式—富勒氏球(也称布基球)C-60	化学奖
1996 年	第九十六届	多尔蒂青克纳格尔	澳大利亚瑞士	发现细胞的中介免疫保护特征	医学奖
1996 年	第九十六届	詹姆斯·莫里斯	美国	在信息经济学理论领域做出了重大贡献,尤其是不对称信息条件下的经济激励理论;威廉·维克瑞因在信息经济学、激励理论、博弈论等方面做出的重大贡献	经济学奖
1997 年	第九十七届	朱棣文菲利普斯科昂·塔努吉	美籍华裔美国法国	发明了用激光冷却和俘获原子的方法	物理学奖
1997 年	第九十七届	博耶沃克尔斯科	美国英国丹麦	发现人体细胞内负责储藏转移能量的离子传输酶	化学奖
1997 年	第九十七届	普鲁西纳	美国	发现了一种全新的蛋白致病因子－朊蛋白,并在其致病机理的研究方面做出了杰出贡献	医学奖
1997 年	第九十七届	迈伦·斯科尔斯	美国	给出了著名的布莱克－斯利尔斯期权定价公式	经济学奖
1997 年	第九十七届	罗伯特·默顿	美国	对布莱克－斯科尔斯公式所依赖的假设条件做了进一步减弱,并在许多方面对其做了推广	经济学奖
1998 年	第九十八届	劳克林、斯特默崔琦	美国美籍华裔	发现了分数量子霍尔效应	物理学奖

年 份	届 数	姓 名	国 别	主要贡献	奖 项
1998 年	第九十八届	阿马蒂亚·森		对福利经济学中的几个重大问题做出贡献,包括社会选择理论等	经济学奖
1999 年	第九十九届	霍夫特、韦尔特曼	荷兰	阐明了物理中电镀弱交互作用的定量结构	物理学奖
1999 年	第九十九届	罗伯特·门德尔		对不同汇率体制下货币与财政政策,以及最适宜的货币流通区域所做的分析	经济学奖
2000 年	第一百届	阿尔费罗夫基尔比、克雷默	俄罗斯美国	奠定了资讯技术的基础	物理学奖
2000 年	第一百届	黑格、麦克迪尔米德白川秀树	美国日本	发现能够导电的塑料	化学奖
2000 年	第一百届	阿尔维德·卡尔松保罗·格林加德埃里克·坎德尔	瑞典美国奥地利	在人类脑神经细胞间信号的相互传递方面获得的重要发现	医学奖
2000 年	第一百届	詹姆斯·赫克曼丹尼尔·麦克法登		发展了能广泛应用于个体和家庭行为实证分析的理论和方法	经济学奖
2001 年	第一百零一届	克特勒、康奈尔、维曼	德国美国	在碱性原子稀薄气体的玻色－爱因斯坦凝聚态,以及凝聚态物质性质早期基础性研究方面取得的成就	物理学奖
2001 年	第一百零一届	威廉·诺尔斯巴里·夏普莱斯野依良治	美国日本	在"手性催化氢化反应"领域取得的成就	化学奖
2001 年	第一百零一届	利兰·哈特韦尔蒂莫西·亨特保罗·纳斯	美国英国	发现了细胞周期的关键分子调节机制	医学奖

年　份	届　数	姓　名	国　别	主要贡献	奖　项
2002 年	第一百零二届	里卡尔多·贾科尼雷蒙德·戴维斯小柴昌俊	美国日本	在探测宇宙中微子方面取得的成就,并导致中微子天文学的诞生	物理学奖
2002 年	第一百零二届	约翰·芬恩田中耕一库尔特·维特里希	美国日本瑞士	发明了对生物大分子进行确认和结构分析、质谱分析的方法	化学奖
2002 年	第一百零二届	悉尼·布雷内约翰·苏尔斯顿罗伯特·霍维茨	英国美国	选择线虫作为新颖的实验生物模型,找到了对细胞每一个分裂和分化过程进行跟踪的细胞图谱	医学奖
2003 年	第一百零三届	阿列克谢·阿布里科索夫维塔利·金茨堡安东尼·莱格特	俄罗斯英国	在超导体和超流体理论上作出的开创性贡献	物理学奖
2003 年	第一百零三届	彼得·阿格雷、罗德里克·麦金农	美国	在细胞膜通道方面做出的开创性贡献	化学奖
2003 年	第一百零三届	保罗·劳特布尔彼得·曼斯菲尔德	美国英国	在核磁共振成像技术领域的突破性成就	医学奖
2004 年	第一百零四届	戴维·格罗斯、戴维·波利泽和弗兰克·维尔泽克	美国	在夸克粒子理论方面所取得的成就	物理学奖
2004 年	第一百零四届	阿龙·西查诺瓦阿弗拉姆·赫尔什科伊尔温－罗斯	以色列美国	在蛋白质控制系统方面的重大发现	化学奖
2004 年	第一百零四届	理查德－阿克塞尔琳达－巴克	美国	在气味受体和嗅觉系统组织方式研究中作出的贡献	医学奖

年 份	届 数	姓 名	国 别	主要贡献	奖 项
2004 年	第一百零四届	艾尔芙蕾德－耶利内克	奥地利	因"她小说和剧本中表现出的音乐动感,和她用超凡的语言显示了社会的荒谬以及它们使人屈服的奇异力量"	文学奖
2004 年	第一百零四届	马塔伊	肯尼亚	在可持续发展方面的贡献	和平奖
2004 年	第一百零四届	基德兰德普雷斯科特	挪威美国	由于揭示了经济政策和世界商业循环后驱动力的一致性	经济学奖
2005 年	第一百零五届	奥伊－格拉布尔、约翰－哈尔	美国	光学相关量子理论方面所取得的成就	物理学奖*
2005 年	第一百零五届	特奥多尔－汉什	德国	包括光频滤波技术在内的激光精确波谱检查方面所取得的成就	物理学奖*
2005 年	第一百零五届	伊夫·肖万 罗伯特·格拉布 里理查德·施罗克	法国 美国	有机化学的烯烃复分解反应研究方面作出了贡献	化学奖
2005 年	第一百零五届	巴里·马歇尔和罗宾·沃伦	奥大利亚	表彰他们发现了导致胃炎和胃溃疡的细菌——幽门螺杆菌	医学奖
2005 年	第一百零五届	国际原子能机构/IAEA 及其总干事巴拉迪		防止核能被用于军事目的并确保最安全地和平利用核能	和平奖
2005 年	第一百零五届	罗伯特·奥曼 托马斯·谢林	以色列和美国双重国籍 美国	表彰他们通过博弈理论的分析增强世人对合作与冲突的理解	经济学奖
2006 年	第一百零六届	约翰－马瑟和乔治－斯莫特	美国	发现了黑体形态和宇宙微波背景辐射的扰动现象	物理学奖

年 份	届 数	姓 名	国 别	主要贡献	奖 项
2006 年	第一百零六届	科恩伯格	美国	对真核转录的分子基础所作的研究	化学奖
2006 年	第一百零六届	安德鲁·菲尔和克雷格·梅洛	美国	发现了 RNA 干扰现象	医学奖
2006 年	第一百零六届	奥罕·帕慕克	土耳其	"在追求他故乡优郁的灵魂时发现了文明之间的冲突和交错的新象征"	文学奖
2006 年	第一百零六届	埃德蒙·费尔普期	美国	在加深人们对于通货膨胀和失业预期关系的理解方面所做的贡献	经济学奖
2006 年	第一百零六届	孟加拉银行家穆罕默德·尤诺斯和格拉明乡村银行			和平奖
2007 年	第一百零七届	阿尔贝·费尔彼得·格林贝格尔	法国德国	先后独立发现了"巨磁电阻"效应	物理学奖
2007 年	第一百零七届	格哈德·埃特尔	德国	在"固体表面化学过程"研究中作出的贡献	化学奖
2007 年	第一百零七届	马里奥－卡佩奇和奥利弗－史密西斯马丁－埃文斯	美国英国	在干细胞研究方面所作的贡献	医学奖
2007 年	第一百零七届	多丽丝·莱辛	英国	"她用怀疑、热情、构想的力量,来审视一个分裂的文明,她的史诗性的女性经历。"	文学奖
2007 年	第一百零七届	戈尔联合国政府间气候变化专业委员会	美国联合国	在创造以及传递有关人为气候变化知识上所付出的巨大努力,以及在解决气候变化问题所需要的各种度量上所打下的坚实基础	和平奖

年　份	届　数	姓　名	国　别	主要贡献	奖　项
2008 年	第一百零八届	南部阳一郎	美籍日本科学家	发现亚原子物理学中的自发性对称破缺机制	物理学奖*
2008 年	第一百零八届	小林诚、益川敏英	日本	有关对称性破缺起源的发现	物理学奖*
2008 年	第一百零八届	下村修	美国	生物发光研究第一人	化学奖*
2008 年	第一百零八届	马丁·沙尔	美国	向人们展示了绿色荧光蛋白作为发光的遗传标签的作用	化学奖*
2008 年	第一百零八届	钱永键	美籍华裔	利用水母发出绿光的化学物来追查实验室内进行的生物反应	化学奖*
2008 年	第一百零八届	哈拉尔德·楚尔·豪森	德国	发现人类乳头瘤病毒（HPV）引发子宫颈癌	医学奖*
2008 年	第一百零八届	弗朗索瓦丝·巴尔·西诺西、吕克·蒙塔尼	法国	发现人类免疫缺陷病毒（HIV）	医学奖*
2008 年	第一百零八届	勒·克莱齐奥	法国	《诉讼笔录》等著作	文学奖
2008 年	第一百零八届	马尔蒂·阿赫蒂萨里	芬兰	他在过去30多年来致力于解决全球国际冲突做出的重要贡献	和平奖
2008 年	第一百零八届	保罗·克鲁格雯	美国	分析国际贸易模式和经济活动的地域等方面所作的贡献	经济学奖
2009 年	第一百零九届	奥巴马	美国	效力于加强国际外交和世界人民之间的合作所作的非凡努力	和平奖
2009 年	第一百零九届	伊丽莎白·布兰克波恩、杰克·绍斯塔克、卡罗尔·格雷德	美国	发现了由染色体根端制造的端粒酶	医学奖*

年　份	届　数	姓　名	国　别	主要贡献	奖　项
2009 年	第一百零九届	高锟 韦拉德·博伊尔 乔治·史密斯	英国 美国 美国	光在纤维中的传输以用于光学通信方面所做出的安全感性成就	物理学奖*
2009 年	第一百零九届	万卡特拉曼· 莱马克里斯南 托马斯·施泰茨 阿达·尤纳斯	英国 美国 以色列	发明电荷耦合器件传感器对核糖体结构和功能的研究做出突出贡献	化学奖*
2009 年	第一百零九届	赫塔·穆勒	德国	以特别犀利的语言描述了独载统治时期的生活	文学奖
2009 年	第一百零九届	艾利诺·奥斯特若姆 奥利弗·威廉姆森	美国 英国	对普通人经理活动的研究对学习经济治理边界的分析	经济学奖*

表中每一届里面有"＊"符号的，代表同届获奖者。

4. 华夏之光——获得诺贝尔奖的华人

诺贝尔奖自 1901 年颁发以来，共有 10 位华人获得过诺贝尔奖，他们分别是：李政道、杨振宁、丁肇中、李远哲、朱棣文、崔琦、高行健、钱永健、高锟和莫言。除莫言是中国人外，高行健是法籍华人，高锟是英籍华人，其余七人为美籍华人。

1957 年，李政道和杨振宁因"发现宇称不守恒"而被授予诺贝尔物理学奖。1976 年，丁肇中因"发现一类新的基本粒子"而获得诺贝尔化学学奖。1986 年，李远哲因"发明了交叉分子束方法使详细了解化学反应的过程成为可能，为研究化学新领域－反应动力学作出贡献"而获得诺贝尔化学奖。1997 年，朱棣文因"发明了用激光冷却和俘获原子的方法"荣获诺贝尔物理学奖。1998 年，崔琦与德国的霍斯特·斯托尔默和美国的罗伯特·劳克林因在量子物理学研究做出的重大贡献而获诺贝尔物理学奖。2000 年，高行健凭借作品《灵山》，以及"其作品的普遍价值，刻骨铭心的洞察力和语言的丰富机智，为中文小说和艺术戏剧开辟了新的道路"获诺贝尔文学奖。2008 年，钱永健和美籍日裔科学家下村修、美国科学家马丁·沙尔菲因在"发现和研究绿色荧光蛋白方面的贡献"而获得诺贝尔化学奖。2009 年，高锟以"光在纤维中的传输用于光学通信方面所做出的突破性成就"荣获诺贝尔物理奖。2012 年莫言以《蛙》等系列代表作，以及"其作品用魔幻现实主义的写作手法，将民间故事、历史事件与时代背景融为一体。"获诺贝尔文学奖。

第二章 重视孩子兴趣与爱好

1. 兴趣是孩子学习的动力

兴趣是孩子学习的动力源泉。它不仅能为学习提供强大的动力，而且有兴趣的学习还能促进孩子智力和能力的发展。"兴趣是一个人能量的激素。"对一件事物产生浓厚兴趣的人，智能会得到充分的发挥。

兴趣有一种神奇的威力，它能使你不觉得苦，忘记了累。它会为你学习某一种技艺，增加一股如虎添翼般的力量。

兴趣驱使人接近自己所喜欢的对象，驱使人对事物进行钻研并探索创新的、有趣的、或个人爱做的事，并带来成功和成就。对小孩子来说，培养他们的学习兴趣具有非常重要的作用。

2. 兴趣是最好的老师

探索自然界奥秘的强烈欲望，驱使他走向了科学的殿堂。

兴趣是最好的老师，只要你有兴趣，那么它就会成为你的助动力。

阿尔伯特·爱因斯坦相对论的成立，就缘于他对科学探索的兴趣。

爱因斯坦童年时，体弱多病，患病在床，父亲为了给他解闷，拿了一只小罗盘给他。小爱因斯坦双手捧着罗盘，眼睛盯着罗盘中间那根不停抖动的小针，不论针怎么抖动，它的红色箭头最终总是指向北方。接着把罗盘向左转动180度，那根指针只摆动了几下，便又指向了北方；把罗盘转向另一边，指针依然指向北方。这根指针似乎专门与他"较劲"，他想："好吧！我转动得快些，你就跟不上了。"于是，小爱因斯坦把罗盘捧在胸前，扭动身子再猛地转回去。当时，再看罗盘的指针时，指针照样指向北方。当他问父亲时，父亲告诉他那是磁力，并耐心解释，可他还是摸不着头脑。

这种奇特的现象，震动了他幼小的心灵。尽管他听不懂，但他却顽固地想知道个所以然。他苦苦思索着，相信一定有什么东西深深地隐藏在事情的后面。

爱因斯坦回忆说："这个未知的力量使我神往。多少年后，儿时困惑的那个未知力量是一种叫做'场'的物质在起作用。正是这个场的概念，在我的相对论中起到了重要的作用。"

1889 年，10 岁的爱因斯坦进入了路特波尔中学。当时由于俾斯麦推行铁血政策，学校纪律也像军营一样严格，教师如同军士般严厉，学生接受正规的军训。这使爱因斯坦感到窒息。

正当此时，爱因斯坦找到了精神的慰藉。慕尼黑大学医科学生塔尔梅送他一本施皮克尔的几何学教科书。书中关于欧几里得平面几何学的内容，一下攫取了爱因斯坦的心灵，它利用逻辑推理的方法，可靠地证明几何定理，这种证明方法的明晰和可靠性，及其反映出来的人类思维所能达到的程度，都在爱因斯坦的心灵中留下了深刻印象。

爱因斯坦说："5 岁时由于一只指南针，15 岁时由于一本欧几里得几何学使我相信这些外界的影响对我的发展确有重大影响。但是人很少洞察到自己内心所发生的事情。当一只小狗第一次看到指南针时，它可能没有类似的影响，对许多小孩也是如此。决定一个人的特殊反应究竟是什么呢？在这个问题上，人们可以设想各种或多或少能够说得通的理论，但是绝不会找到真正的答案。"

3. 激活孩子的兴趣与好奇心

在对孩子培养的过程中，应鼓励孩子提问题，激活孩子的兴趣与好奇心是最好的途径。对孩子所提的稀奇古怪的问题切莫搪塞或含糊其词，应认真对待，不知答案时应教给孩子寻找答案的方法。

作为家长，首先要做的是帮助孩子认识到自己不爱提问题的原因。有的放矢，对症下药。每个提问都是因为自己不懂才问，学习本身是一个人从不懂到懂的过程，只有把不懂的问题提出来后，才能得到老师或家长的帮助。

对不爱提问题的孩子，父母应有意识地引导，可先给孩子提不同方法的问题，在讨论过程中培养孩子提问题的能力。

4. 发现孩子对科学的兴趣

对科学的热爱，科学深层的意义，以及为什么值得去探究？

李普斯科姆小时候很喜爱作化学实验，并把自己的卧室变成了一间实验室，到处摆放着酒精灯、烧杯、试管化学实验器皿，还有一大堆化学、物理、数学、天文学、医学、生理学、无线电等方面的书。在他十二三岁的时候，一次他想从尿液中提取尿素，结果使家里到处都弥漫着刺鼻的尿臊味，挨了母亲的一顿训斥。晚上父亲回家后得知了这一情况，非但没有责怪小李普斯科姆，反而劝说妻子："孩子嘛，作科学实验闹出点小乱子也是常有的事，只要不闯出大祸就没关系。以后小心点就是了。"

其实李普斯科姆的母亲平时也十分支持儿子对于科学的爱好，对孩子喜爱干的事一般从不横加干涉，就连儿子所使用的这套化学实验器材，也是母亲特意买来的。这次发脾气可以说是一个例外。而李普斯科姆的父亲不仅仅在"道义"上支持儿子作科学实验，并且利用自己作内科医生的便利条件，为儿子买来许多一般人不易得到的化学试剂。在父母的支持下，小李普斯科姆不仅完成了多种有趣的化学实验，而且在美国独立纪念日那天施放了自己制作的焰火。他后来成长为一名卓有成就的化学家。

通过以上事例我们得出一个结论：当孩子因科学爱好而闯祸时，不应简单地责备孩子，更不应扼杀他的爱好，而应该循循善诱，要让孩子从中汲取教训，明白科学的道理。

5. 开启兴趣之门

苏联心理学家西·索洛维契克曾做过一个"满怀兴趣地学习"的实验，实验是这样进行的。首先，选出一门最难的、学生们最不喜欢的课程，如数学。然后，在坐下来学习之前，先做好心理准备：搓一搓手，笑一笑，再说一句："我喜欢学习数学！"然后，尽最大努力细心做好功课。实验前，将实验的意图、原理讲清楚，让学生明白实验的意义。

以下是两个学生的亲身体验：

"对我来说，地理是一门枯燥的课程。在课堂上，我觉得毫无兴趣，我怀着一种焦急的心情等待下课的铃声。后来，我班开始做'满怀兴趣地学习'

的实验，我想，我一定能做好这个实验。放学后，我回到家就坐下来学地理，在这之前，我做了各种令人发笑的练习。'我喜欢你，地理！'我重复着说。我开始觉得，地理不像从前那样枯燥无味了。第二天，我在图书馆借了一本有关地理的书。回家后，我先收拾一下房间，然后就高高兴兴地读了起来。在上地理课时，我也开始注意听老师的讲解了。现在，我很喜欢地理，总是盼着上地理课。"

"我接到杂志后，立即决定做实验，第二天就有物理课，这是一门枯燥的课程，我决心让它成为一门有趣的课程。我最先预习物理课（这门课我一向是最后预习）。我的情绪很好，而这种情绪就是成功的保证。我读完一节以后，就开始思考它的内容。以前，我只是死记硬背，所以觉得枯燥无味。现在，我先理解了课文的意思，就能把主要内容转述出来了。当我再读几遍以后，就弄懂了全节的内容。不过，有时还是思想不够集中，这也是我的弱点。每个人都能把枯燥无味的事情变成有趣的事情，这根本不需要什么天才。当接到一项枯燥的任务时，不应该心灰意冷，要从好的方面去考虑这项任务。如果想尽力把工作做好，他就会感兴趣。我亲身体会到了这一点。第二天，老师给我们留下了物理习题作业。这是一件令人头痛的事情。我想，我应该尽力多做习题，并且做得好一些，不应该抄班里同学的答案。我算出了两道习题，这使我很受鼓舞。于是，我就满怀兴趣地算起其余的习题来。当我算完最后一道习题时，我甚至因为再没有习题演算而感到有些遗憾。"

看来，先得对自己目前的处境有一个了解，也就是先得寻找一下对某门或者几门学科乃至所有学科不感兴趣的根由。一般说来，有如下一些原因：

（1）基础不好。这是恶性循环的结果。基础不好，必然得不到好的成绩。成绩不好，会导致学习兴趣的丧失。没有学习兴趣，势必降低学习效率，使基础更加不好。如此循环往复，必然使不感兴趣的学科越来越差，而成绩越差则兴趣越低。

（2）产生了自卑感。自卑是兴趣的天敌，有些学生由于某一门学科考试成绩不好，或者接连开了几次红灯，就认为自己是这方面的"低能儿"，自暴自弃，自甘落后，从而否定自己的一切。这样的心境必然引不起学习兴趣来。有一部分女孩子认为女生的智力生来就不如男生，这也会引起自卑，扼杀兴趣的培养。

（3）学了没用。有些学生感到某门功课学了没用，既不能解决眼下的问题，对自己将来的前途也没有多少意义。因此，打不起精神来，往往以"过得去就可以了"宽慰自己，结果成绩变得连"过得去"也难以维持。

牛顿在刚上初中时学习成绩只能算是劣等，尤其物理课的成绩最糟，为此常常受到同学的羞辱。一次，他制作的不像样的"制品"被同学踩得粉碎。这激起了他强烈的自尊心和顽强的学习精神，他从头学起，终于把物理学基础打得严严实实。后来，正是在物理学领域内他为人类做出了巨大的贡献。华罗庚刚上初中时，由于过分贪玩，考试常不及格，包括数学在内。在教师的教诲下，他才注意回过头来认真打好基础，在打基础的过程中对数学培养了浓厚的兴趣，后来为数学的发展做出了杰出的贡献。可见，功课基础不好，即使到了初中，甚至高中，只要想补，也是可以补得好的。

根据一些学生的经验，"补缺"采用两种平行推进的方法最有效：一是系统地从头补起，最好在教师指导下，找一个成绩好的同学做辅导，每天补一点，日积月累，坚持下去，久久为功，基础就自然会补上。二是抓好眼下新课的预习。如果一心扑在系统地从头补缺上，而不注意抓好新课，前面的"缺门"虽补上了，又可能造成新的"缺门"。要搞好预习，在预习过程中一面熟悉课文，笨鸟先飞；另一方面发现问题，带着问题去听课，在听课中有些还不能解决的问题，及时地问老师，课上没弄懂的，课后再去找老师辅导，再通过复习巩固新课。无论在系统补课时，还是在预习新课时，要比以前，比平常用心一点，细心一点，时间多一点，耐心一点，时间久了，必有效果。一次次小的成功逐渐累积，自卑感也会逐渐消除。

6. 尊重孩子的爱好

1845 年，罗丹刚满 5 岁，由于聪明过人，父亲就把他送到了离家不远的耶稣会学校上学，但是罗丹对宗教方面的书一点兴趣也没有，却非常喜欢画画。

一天，母亲收捡出一堆废纸来，罗丹把这一堆废纸一张张地弄平后，在上面画上了许多自己喜欢的画。从这以后罗丹经常把人物、房屋、动物的样子画下来。

一次，罗丹发现父亲脚边有一张纸，他便趴下去，用笔画出了父亲皮鞋的样子。

当父亲发现罗丹趴在自己的脚边画画时，生气地说："你学习这么不好，原来是因为这个玩意！"

　　父亲生气地把罗丹打了一顿，而且当场让罗丹保证以后要好好学习，不再画画了。

　　从此，罗丹虽然在家里不敢再用包装纸明目张胆地画画了，但是在外面，不管是在马路上还是在墙上他每天都喜欢画上几笔。

　　罗丹9岁时，成绩还是不见好转。父亲只好把他送到叔叔在乡下开办的学校去读书，在叔叔那里一待就是4年多，在这4年里，罗丹的成绩还是不见有什么提高，但他的画画水平却让老师们都感到了震惊。

　　看他学习仍然没有进步，父亲开始对罗丹失去了信心，决定送罗丹去工作。

　　罗丹坚持要去学画，父亲只好同意他报考一所免费的美术学校。

　　罗丹经过努力果然考上了这所工艺美术学校，刚入校不久，素描老师看了罗丹的习作后，非常高兴，并且耐心地给他指导："千万得记住，既要学会临摹，更要学会根据记忆来画画。"

　　罗丹牢牢地记住了老师的话，他把平时爸爸在各种场合跟他生气的样子都画了出来，得到了素描老师的好评。

　　素描课结束以后，就该上油画课了，这却给家里贫穷的罗丹出了一个难题，颜料和画布都需要一笔钱，万般无奈之中，罗丹只好改学雕塑，因为雕塑材料是木头和泥土，并不花钱。

　　为了不给家里增加生活负担，罗丹一边学习，一边当杂工、首饰匠，有时候还给雕塑家当助手。这样一来不仅使他的经济有了一些来源，同时也使他积累了丰富的素材。

　　后来他终于创作出了许多著名的雕塑作品，成为一个伟大的雕塑家。

　　漫画大师缪印堂上初三的时候，因病休学在家。于是，他把以前搜集的糖纸、火花、卡片、漫画拿了出来，可有了用武之地，它们可供缪边欣赏、边模仿，画上有什么他就画什么。"啊，画得跟真的一样！"在父母的赞扬声中，缪印堂似乎觉得病痛减轻了一些，而且越画越上瘾。就这样，在养病期间，他把各类人物的神态、表情描摹得惟妙惟肖了。

　　有一次，他在一本《时事画刊》中，看到一个栏目叫"群众习作"，上面专门刊登工人、解放军、学生的漫画作品，这给了他极大的诱惑。他开动脑筋，创作了三幅画，寄给了报社。没想到一投即中，漫画作品打响了第一炮，缪印堂的创作热情被激发起来，从此一发而不可收。

1953 年，缪印堂面临两个选择，一是报考大学，另一个是去北京的新华日报社做漫画编辑。眼中只有漫画的他一想到大学里没有漫画专业，就毅然决定跟着自己的感觉走，选择去做编辑。父母虽然也希望儿子上大学，然后找一个好职业，可是，看到儿子对漫画的兴趣是那么浓厚，明理的父母也只好把自己的意愿深藏心底。因为他们明白一个浅显的道理：一件事，只有喜欢，才能做得持久。做得持久了，才能做出成效。面对儿子的选择，他们只是送给儿子一句话："既然是自己选择的，就不要后悔。"于是，一个背着简单行囊的年轻人坚定而快乐地只身北上，走上了漫画艺术的漫漫征途，而且从来也没有后悔过。

从自己的成长经历中，缪先生有一种体会，他说漫画既可以给人带来快乐，也能带来智慧。他希望孩子们能够走近漫画，学会如何进行创造性思维，长大后，无论干什么，都能去创造性地工作。

孩子虽小，但他们也有着鲜活的思想和情感，有自己的兴趣和爱好。家长要认真对待。

7. 怎样培养兴趣爱好的持久性

令很多家长头疼的是：孩子练钢琴练了两天半，不练了；学芭蕾学了几堂课，也不学了；画画，没等学会基础的东西，就不画了……

面对这种孩子注意力不持久，缺乏动力的问题，父母应该怎么做呢？

首先，要仔细衡量一下孩子的爱好和孩子的水平、年龄是否相当。太难太简单都不合适，太难容易使孩子畏难并失去兴趣，太简单则容易使孩子觉得没有挑战而失去兴趣。

其次，要尽量掌握孩子的爱好，家长可以一起学习以便辅导孩子，如果你实在不会也没有关系，但要培养自己的一种爱好，比如看书，然后持之以恒，从而给孩子树立榜样。

最后，在孩子气馁或者厌烦的时候，给他们一定的放松的时机，但是，最终还是要通过鼓励和监督促使孩子把爱好坚持下去。这种做法的意义不仅仅在于让孩子学到了什么特长，更在于增强了他们的耐心和韧性。在他们灰心丧气时，你的纵容会损害了他们天生的一些品质。

8. 家长对孩子兴趣爱好的发掘

以下是一位家长的谈话：

我家里至今收藏着一箱由五颜六色的边角布料裁制而成的玩具娃娃服装，屡次清理废物都没忍心当垃圾扔掉。每当看见这堆玩意儿，脑海中便浮现出小女儿当年专心致志地为玩具娃娃缝制衣裳的情景：先从铺满一床的各种布片中挑选中意的花色在玩具娃娃身上比试，接着凭自己的想象裁剪款式，再用并不灵巧的动作进行简单的缝合，然后小心翼翼地给玩具娃娃试穿，又脱下对不合身的地方加以修改，再试穿并仔细端详，直到小脸上露出满意的微笑。自我陶醉一番后，又开始新一轮的选料、裁剪、缝制。

在相当长的一段时期内，给玩具娃娃做衣服，成了小女儿童年生活的重要内容和乐趣所在。上学后，每逢节假日，她仍会搬出一堆布片摆弄上大半天。这种兴致居然能持续到她小学毕业。只是后来随着年龄的增大，制作的服装也渐渐有了点档次，有时候，还会用毛线给玩具娃娃织围巾和披肩。

尽管孩子的这一爱好常常将床铺和屋子弄得凌乱不堪，而且在上学后仍这样热衷已略显无聊，但我们做父母的却从未埋怨和制止过。反之，我还多次从熟悉的裁缝师傅那儿要回来一些零碎的花布，不断充实女儿的衣料库并使她欣喜不已。

我们的默许和支持，虽然最初只是基于孩子能静得下来，不给大人添麻烦就好的想法，但后来才觉察到，女儿在这种游戏和劳作中，手脑并用，不仅增强了动手的能力、发展了创造性思维，而且养成了做事专注、细心的好习惯，同时还陶冶了审美情趣。对孩子的健康成长和全面发展，都极为有益。小女儿在小学、中学、大学学习成绩都很优秀。对女儿小时候的这一爱好，幸好我们没有粗暴地加以干涉，否则，将会是家庭教育中的一种失误。

显然，孩子的不同爱好，或有益于身体的健康，或有益于智力的开发，或有益于个性形成，或有益于情操的陶冶。望子成龙的家长只有尊重和发展孩子的正当爱好，才有遂愿的可能。

以下是另一位长者的谈话：

我有一对侄儿女，小时候一个学提琴，一个学琵琶。他们的爸爸妈妈节衣缩食，花钱买乐器，请家教。从事建筑设计的妈妈还认真学习和钻研起五线谱来，甚至到了废寝忘食的地步，只为辅导好一对儿女。每天清晨，妈妈

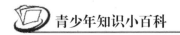
就要叫醒这一对儿女起床练琴。孩子们睡眼朦胧，别别扭扭，可妈妈硬逼着学。

妈妈为了促使他们发奋学琴，许了愿：只要好好练，暑假陪他们到北京姑姑家去玩。暑假果然带着他们上北京，棘手的事情发生了，侄子说，只要小提琴上火车，他就不上火车。任凭妈妈软硬兼施，都无法调和，妈妈只得让步，侄子放弃了学小提琴。

后来侄女和侄子渐渐长大了，侄子喜欢把家里的电器拆拆装装，父母没有注意到这才是小家伙真正的爱好。果然，侄子刚上初二就对物理特别有兴趣，并且在这方面显露出惊人的天赋。他当上了课代表，同学们戏称他为"小博士"，毕业后以优异的成绩考上了美国的一所名牌大学。

可见孩子的兴趣是勉强不得的，作为父母只能因势利导，顺其发展，反之往往达不到预期的目的，还有可能扼杀孩子其他方面的才华。

9. 机会就在父母身边

比尔·盖茨出生于律师和教师之家，他的父母非常注意小盖茨的智力开发和培养。

盖茨三四岁时，母亲外出总是把他带在身边，当她在学校里向学生讲解西雅图的历史和博物馆的情况时，盖茨总是坐在全班最前面，尽管盖茨是个好动的孩子，但在教室里他表现得比其他学生还要专注、认真。盖茨从小酷爱读书，尽管他是个儿童，但他爱读成人的书。在自己的家里，他可以随意翻阅父母的藏书。

盖茨7岁的时候，最喜欢读的书是《世界图书百科全书》，他经常连续几个小时地阅读这本书，一字一词地从头读到尾。小盖茨的父母还尽可能地给他提供各种机会，让他增长见识，丰富自己的生活经验。当他逐渐长大时，父母鼓励他参加童子军的野营活动，在与其他孩子的相处中，小盖茨得到了友情的满足。

自从盖茨走进湖滨中学的小计算机房的那一天起，计算机对他就产生了一种无法抗拒的魅力。15岁时，他就为信息公司编写过异常复杂的程序。

1973年春，他上了哈佛大学，经常在计算机房通宵达旦地工作。

进入20世纪80年代后，IBM开始寻求合作伙伴，在与盖茨交谈了5分钟后，IBM的人认为这是与他们打交道的最出色的人物之一。此后，盖茨为自己的历史写下了更为辉煌的篇章。

给孩子成长的机会不是一句空话。要善于发现和把握住机会，孩子成长的机会有时候是家长能够为他们创造的。

10. 在活动中发现孩子的兴趣

国际象棋大师加里·卡斯帕罗夫，22 岁时成为世界上最年轻的国际象棋冠军，是国际象棋史上的奇才。他能讲 15 种语言，还是一位有造诣的数学家、计算机专家、纽约华尔街杂志的定期撰稿人。他 7 岁时父亲不幸去世，从此，他的母亲克拉拉成了他成长的指导。

在他的自传《变化的童年》中，他把童年对象棋的兴趣归结于观看母亲下棋，是母亲鼓励他树立强烈的自我，这对他成为国际象棋世界级大师起了关键作用。他的朋友曾这样描述他的母亲：“每一场比赛他的母亲总要到场，因为她是他的参谋长。他依赖母亲的出现，他需要知道母亲在哪里。”

研究杰出人物的成长史，你会发现他们的成功，有一个不容忽视的因素：他们有一位善于教育孩子的父亲或母亲。怎样才能成为善于教育孩子的家长呢？单靠严格管教或者一味的表扬都不是好的办法，善于教育孩子的父母应该创设与孩子共同活动的环境和机会。利用周末、节假日，与孩子一起进商店，逛公园，或到树林里散步，留心孩子感兴趣的商品、书籍、景物等。此外，家长还可以跟孩子一起写字、画画、读书、做纸工、修理日用品、一起做家务……在共同活动中，既可以了解孩子的行为特征，又能洞察孩子的内心世界，还可以和孩子共同体验快乐，从而发现并培养孩子的兴趣爱好。

11. 对孩子的兴趣加以引导

陈中伟，国际著名骨科、显微外科专家，中国科学院院士，被国际医学界誉为“世界断肢再植之父”。

1929 年 10 月 1 日，陈中伟在宁波他父亲创办的保真医院诞生，他是父母的第八个孩子，前面七个孩子都是女儿。陈中伟成了陈家最宝贝也最顽皮的孩子。

陈中伟生活在一个医学世家。父母都是医生，他的几个姐姐、姐夫也都是学医的。很多年后，陈中伟回忆道：“在我的印象中，爸爸妈妈总是穿着白

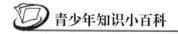
大褂，姐姐、姐夫们也总是穿着白大褂，我好像生活在一个白色的世界里。我的家，就是一所医院。"

童年的生活环境对一个人兴趣爱好的形成，有着千丝万缕的联系。陈中伟的妈妈从小就教育他："好好读书，将来送你去学医，好接替你爸爸的事业"。

对于陈中伟的顽皮，家里人不是一味地批评，而是加以科学地引导。如陈中伟喜欢在医院里到处玩，在病人中转来转去。姐姐看见了，就对他说："你要是传染上细菌，就会像他们那样生病的。"陈中伟不相信，他说："有什么关系，看到细菌来了，我逃走就是了。"姐姐就带他到父亲的显微镜前，把病人的呕吐物放在显微镜下。陈中伟爬上凳子，从显微镜里看到：许多黑灰色的小虫挤在一起，扭动身子转来转去。那么丑恶，那么可怕，原来这就是细菌啊。

这就是陈中伟医学知识的启蒙课。

陈中伟还曾经玩弹弓打下麻雀。父亲看到了，跟他说："'麻雀虽小，五脏俱全'，我给你讲讲，这是肝，附在肝上的这个小黑点就是胆……"父亲详细地给他讲了麻雀各个内脏的位置和作用。

这就是他生平第一堂生理解剖课。

就这样，在长辈的引导下，陈中伟这个顽皮小孩从他的好奇和好动，在日常生活中和游戏中学到了一些医学卫生方面的基础知识。到上中学时，他的这些基础知识使他受到生物老师的青睐，促使他走上了漫漫医学之路，并取得了辉煌的成就。

1963 年 1 月 2 日，工人王存柏的右手手腕关节以上一节处被冲床冲断，病人和断手被送到医院。当时陈中伟是主治医师，在医院领导和同事们的支持下，他大胆进行断手再植手术，经过 4 个多小时极为精细的操作，把全断的血管、神经、肌腱、骨骼进行了对接缝合，术后闯过肿胀关、休克关、感染关、坏死关，历经坎坷，终于使断手再植成功。这是世界上首例完全成功的断肢再植手术，开创了再植外科的新纪元。陈中伟受到了周总理的接见，他的名字载入了世界医学史册。

几十年来，陈中伟继续在显微外科领域作出巨大的贡献，在国际上的声誉日隆。1980 年，在荷兰召开的第一届显微重建外科联合大会上，大会主席在报告中正式称他为"世界断肢再植之父"；1985 年，陈中伟当选为第八届国际显微重建外科学会主席；1994 年，获首届全国十位杰出科学家的"求是奖"；1999 年，获国际显微重建外科学会在美国颁发的奖励全世界最杰出的三位医生的"世纪奖"。

有记者问陈中伟，当他回首辉煌的医学之路、成功的人生之路，哪段经历影响最大。

陈中伟谈到其中一段就是他童年的经历。他从小接受医学熏陶，目睹疾病给人们带来的痛苦，看到家人为群众治病，崇高医德备受尊敬，他从小立下宏愿：长大当医生。还有很重要的一点是，家里人能正确对待他小时候的"顽皮"，给予适当的引导，促使他最终走上了医学之路。

陈中伟在一篇文章中给家长和孩子们提了一些忠告。

"青少年求知欲旺盛，记忆力又好，好动好问好观察，实在是件大好事，对好动（爱好运动和实验），人们往往视为'顽皮'；好问长问短，又往往被斥为烦人；好观察，往往被看作心野。给孩子们一个忠告：不要放弃你童年时的好奇心，不要放过你的那许许多多的疑问，不要轻易否定那些似乎可笑的兴趣爱好，这些，对你的将来一定有用。"

对顽皮的孩子，父母和老师都会觉得头疼。按一般人看来"听话的孩子"才是好的孩子。爱恶作剧及反抗意识强烈的孩子，隐藏着无穷的创造欲望，所以，他们总爱做出乎人意料之外的事。这种以自我为中心的孩子，就不是父母师长眼中"听话的孩子"。

这也是东西方教育观点最大的差异。东方教育注重知识的学习，西方教育重视创造力的培养。我国目前的义务教育，使每个孩子在全国统一的教材和课程中，获得同样的知识。可是，欧美的教育制度，会让人因它弹性之大而感到惊讶。因为在欧美，校长的教育理论主宰着整个学校的走向，所以各个学校都有自己的特色，家长则让子女进入符合自己教育要求的学校。

我们并不是要让父母放纵孩子，只是父母应该尊重孩子自己的发展，对孩子的兴趣、爱好加以正确引导，让他们学到更多的知识，获得更好的发挥机会。

第三章　启发孩子的好奇心

1. 好奇心是孩子成长的动力

父母在给孩子传授知识之前，如果能清楚、生动、有力地提出学习的目的和要求，就会有利于引起孩子的求知欲。而如果能够结合孩子的生活实际具体说明所学知识的意义与价值，则更能引起孩子们对知识的重视，并调动他们学习的积极性。

对孩子的教育，父母应该以丰富有趣、逻辑性与系统性很强的内容以及生动的教学方法来吸引他们，使他们通过学习得到精神上的满足。新奇事物可以吸引孩子去探究，教学内容与方法的不断更新与变化可以不断引起孩子新的探究活动，从而可能在此基础上产生更强烈的求知欲。对小学低年级孩子的研究表明：大多数孩子对力所能及的、又要开动脑筋的学习材料有较高的兴趣。

如果孩子对学习没有一种快乐和喜爱，没有付出紧张的努力去发现规律并在规律面前感到激动和惊奇，那是谈不上热爱科学、热爱知识的。

要使孩子具有强烈的学习兴趣，就必须使他有一种丰富多彩的、引人入胜的智力生活。我们应当经常关心的是：当孩子跨进校门以后，不要把他的思维套进黑板和识字课本的框框里，不要让教室的四堵墙把他跟气象万千的世界隔离开来，因为在世界的奥秘中包含着思维和创造的取之不竭的源泉。换句话说，就是如果我们想让孩子高高兴兴地学习的话，那就无论如何不能用学校常用的那些方法来局限孩子的智力生活，即一味地要求他死记、背诵和为了应付教师的检查而把知识鹦鹉学舌一样再现出来。

如果没有识记和背诵，教学和智力发展是难以想象的。但是，只有让孩子把记忆的努力和思考的努力结合起来，对周围世界的现象和规律进行深入思考的时候，才可能真正地促进孩子的智力发展。

为了使孩子的智力生活丰富多彩，还要保持思考和记忆的和谐。首先要使孩子善于思考，积极主动地去获取知识，寻根究底地去探究真理，在知识的世界里去漫游。只有这样，孩子才能对学习有兴趣，成为一个人才。

2. "天才"是这样造就出来的

从韩国"神童"金雄镕所受到的家庭教育程度看，"神童"并不神。他的智力发育超常，只是基于两个原因：父母的素质和爱心。金雄镕的父母都受过良好的高等教育，是高素质的人才。这里指的素质，包含着学识、才干、品德、心理、健康等一个人的全面素质，自然也包含对孩子的爱心和科学的教育、培养方式。小雄镕还在母亲腹中的时候，他的母亲就十分注重自己妊娠期的饮食营养，注意自身的保健，调节自己的心绪，使胎儿能健康地发育。母亲丰富的优生知识保证了小雄镕的健康出生。从小雄镕超常的智力发育、父母的优生育儿知识联系到韩国人普遍重视孩子早期的智力开发以及他们对培养孩子的使命感和自觉责任感，我们大致可以判断小雄镕出生前已接受了他的父母的良好的遗传基因，有人披露雄镕在襁褓里时，他的父母已将他当作一个懂事的孩子看待了。

就在这个时候，雄镕的父母已认真地与雄镕说话。他们利用鲜艳的色彩刺激他的视觉，利用优美的乐曲刺激他的听觉。雄镕4岁时，他的父亲就打开国民学校二年级学生用的《自然》课本，教儿子动植物名称：蟋蟀等各种飞鸟和各种植物的名称。

科学的感官刺激不只是提前了孩子的认知能力，也开发了记忆力。半岁的雄镕能记住父母说的话，还能记住无意中听到的别人讲的话，甚至还能记住别人做的一些事。

一种日本象棋在韩国叫将棋。某一天，有几个学生到雄镕家来，下了几盘将棋。那几个学生在下棋移子时偶尔说出"车"、"包"等棋子的名称。谁也未曾想到当时在旁的雄镕已记住了别人偶尔说出来的几个棋子的名称，而且自己开始摆弄将棋。父母知道雄镕已初步具备识字能力，并对将棋产生了浓厚的兴趣，于是，雄镕的母亲把将棋子的名称全部教给他。反复教了三四遍后，雄镕轻松地记住了将棋子的全部名称。此时，雄镕才8个月。

此后，雄镕的父母认真地为雄镕订了一个教育计划，抓住孩子的好奇心理，让雄镕在类似游戏的学习中掌握知识，没有强迫命令，只有诱导和鼓励。父亲教他阿拉伯数字时，自己有滋有味地反复读给孩子听，激发孩子对数字的兴趣，然后鼓励他："雄镕，你能不能自己一个人读给爸爸听呢？雄镕很聪明，爸爸相信雄镕一定能的。"父亲一鼓励，雄镕很高兴，他一口气就从1读到了 10。接着，他的父亲又将数字随意写在卡片上，鼓励雄铬将数字按顺序排列出来。开始时，雄铬将 7 和 8 的位置排列颠倒了，而他的父亲则一边夸奖一边温和地指导他："雄铬，要是将 7 和 8 的位置不弄错，那就更好啦!"雄铬就立即自己纠正了 7 和 8 的错位。

在雄铬 11 个月时，雄铬的父母买来了 120 张卡片，在其中 60 张卡片上画上各种动植物和各类车辆，在另外 60 张卡片上写上图画的名称，然后便和雄铬玩卡片游戏。对这种卡片游戏，雄铬表现出极大的兴趣，两天之后，雄铬居然能读出那些画的名称了。

这是雄铬正式学习韩国文字的开始。以后，雄铬又对汉字发生了兴趣，这是他的父母偶然发现的。一天，雄铬在地上拣起一张报纸，指出上面的汉字"车"，问："爸爸，这字念什么?"他爸爸告诉他"车"的汉字念法。此后，他的父母每天教雄铬一个汉字。在雄铬一周岁时，他已能准确读出许多汉字了。

雄铬的父母发现自己的儿子有非常强的文字接受能力，于是又教他日本文、英文和德文。而在雄铬一岁零一个月时，他的父母发现雄铬在与大孩子一起玩耍过程中学会了 2×2 得 4，3×3 得 9 这两句乘法口诀，于是又及时地教雄铬乘法口诀表。而雄铬竟很快地、轻而易举地把口诀全部记住了。一岁零两个月的雄铬已俨然像个国民学校的学生，能用铅笔写字了……这里介绍雄铬的情形十分简略，而年龄的限度亦仅止于雄铬一岁零两个月，但我们从中至少可以得到两点启示。

（1）对幼儿的智力培育和知识的获取是有必然性规律的，那便是前面已提到的刺激——兴趣——游戏这一普遍性过程。这一过程引导得法，便是孩子健康成长的基础，是孩子的智力开发长途中的起始阶段，是孩子将来成才的最初必要条件；

（2）充满爱心和责任心的聪慧父母对孩子的智力开发、智力培育起着他人无可替代的作用。有人说，父母想要孩子聪明孩子就聪明。质朴的语言蕴含着深刻的道理。如果雄铬的父母缺乏高度的爱心和责任心，不悉心培养孩子，不善于发现孩子的兴趣特点和智力发展的趋向，那么，雄铬"神童"的佳话就不会在全世界传播。

3. 好奇心激发兴趣

好奇心是兴趣的起点，是激发人进行探索的重要因素，许多科学家的发明创造都离不开强烈的好奇心。好奇心是人们积极探究新事物的一种倾向，是人类认识世界的动力。科学起源于人类的好奇心，好奇心的不断产生和不断摆脱，正是科学的不断发现、不断创造的过程。法国作家法朗士认为"好奇心造就科学家和诗人"；美国的著名科普作家阿莫尔夫说："科学始于好奇"，"好奇的探究会引起某一方面或某些方面的兴趣"。科学家和发明家往往在少年孩子时代都有惊人的好奇心。被人们称为"发明大王"的爱迪生，仅在专利局登记过的发明就有1328种。一个仅读过3个月书的人怎么会有这么多发明创造呢？爱迪生在很小的时候，就显示出了极强的好奇心，只要看到不明白的事情，就抓住大人的衣角问个不停，非要问出个结果来。一次，他看到孵蛋的母鸡后想：人为什么不能孵出小鸡呢？于是就蹲在鸡窝里，屁股下面放了好多鸡蛋，孵起小鸡来。父母四处寻找，终于在鸡窝里找到了他。还有一次，他看见鸟儿在天空中自由飞翔，就想：既然鸟能飞，为什么人不能飞呢？于是他找来一种药粉给小伙伴吃，为了让小伙伴飞上天空去，结果小伙伴险些丧命，爱迪生也受到了父母的惩罚。

8岁上学以后，爱迪生仍然喜欢刨根问底，经常把老师问得目瞪口呆，窘迫不堪。一次爱迪生问老师："为什么2加2等于4呢？"这个问题把老师问住了。老师认为爱迪生是个捣蛋鬼，专门和老师闹别扭，于是，在上了三个月的课以后，爱迪生被老师赶回了家。爱迪生的母亲并没有因为儿子被撵回来而责怪他，相反，她亲自担负起了教育孩子的责任。当她发现爱迪生好奇心强，对物理化学特别感兴趣时，就给他买了有关物理、化学实验的书。爱迪生就照着书本独自做起实验来，这就是科学发明的启蒙教育。长大了的爱迪生，在强烈的好奇心驱使下，进行了一系列的发明创造。他发明了电报、电话等等，被人们称为"最伟大的发明家"。他的成功与他对事物的强烈的好奇心分不开，对事物的强烈的好奇心激发他不断地去探索、思考、发明与创造。所以，当代著名物理学家李政道博士说："好奇心很重要，要搞科学离不开好奇。道理很简单，只有好奇才能提出问题，解决问题。可怕的是提不出问题，迈不出第一步。"正因为好奇心如此重要，许多人才把好奇心称为成功者的"第一美德"。

不仅著名的科学家需要好奇心，我们普通人要学好知识，有所成就，也需要好奇心，它是我们获得知识，增长才干和智慧的源泉。湖南少年何骧，有一天到鸡棚捡蛋的时候，禁不住好奇地想到：鸡蛋到底为什么一头大一头小呢？是大头先出母体还是小头先出母体呢？为了弄清这个问题，他每天放学就立刻赶回家，蹲在鸡棚旁静静地观察，有时甚至连晚饭都忘了吃。两个多月以后，何骧终于发现：鸡蛋是大头先出母体。为此，他写了论文，这篇论文得到了许多生物学家的称赞。他的这一发现，居然是鸟类文献中还没有

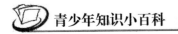

记载过的新发现。

好奇心虽然是兴趣的起点，但它还不是兴趣。好奇心与兴趣的区别在于：

（一）好奇心比较广泛，没有明确的方向，对任何看来新奇的事物都好奇；而兴趣则有明确的方向。即使是兴趣广泛的人，也只是对几种事物或活动感兴趣，而不是对任何事物或活动都有兴趣。

（二）好奇心一般容易满足，好奇心由对事物的某种疑问引起，疑问一旦解除好奇心便得到满足，而兴趣则不然，它不一定由疑问引起，即使有些兴趣是由疑问产生，也不会随疑问的解除而消失。相反，会更加强烈。成才需要好奇心，但是有了好奇心并不意味着就一定能成才，要想有成就就得付出艰苦的努力。有了好奇心，再加上汗水和心血，一定能够使你的孩子成为社会的有用之才。

4. 培养孩子的好奇心

教育是面向未来的事情。未来孩子们将在什么样的世界中生活？作为21世纪主要角色的孩子们应该具备什么样的能力？这是每一个父亲与母亲都应当注意的问题。

人生活在世界上，一辈子都要不断地学习。今后的世界不会再有"完成教育"这一说法。即使是大学毕业、研究生毕业也不算结束了学业。终生教育不仅仅是学者的事，由于知识和技术发展的日新月异，信息像洪水般的产生，人如果不经常地学习和吸收新的知识，就会跟不上社会进步和发展的节奏。

因此，我们必须培养孩子的自学能力，培养孩子强烈的好奇心、敏锐的观察力、旺盛的创造力、深刻的理解力、丰富的想象力。

随着科学的发展，未来将是余暇时间充足的时代，那时候的人们会追求诸如音乐、绘画、体育、语言、文学、书法、棋艺等诸方面的训练，这会使他们获得艺术修养，从而为通过艺术语言去接触高级文化提供了可能性。

展望未来，我们将与文化水平、文化背景完全不同的人们互相接触。所谓"不同"，有各种含意，年轻人见到老年人与自己有不同之处，生活在不同社会阶层的人们对不同事物有不同的看法。这样，不同的观点、不同的视角、不同社会的人们互相交流，互相理解，彼此站在对方的立场上来考虑问题，就会造就视野开阔的人。

作为父母与老师，也应该挖掘孩子这方面的潜力：智能、情爱等。现在许多孩子心胸狭窄、自私自利、目光短浅，以"我"为中心，应该让孩子懂得帮助残疾孩子、帮助老年人、爱护小生命等，使他们了解不同处境的人，逐渐取消人与人之间的意识差别，如使正常人与残疾人之间的隔阂消除。这样的未来教育，将会越来越多地凭借艺术教育的手段来实现。

5. 激发孩子遐想

1929 年 4 月 5 日，伊瓦尔·贾埃弗出生于挪威卑尔根市远郊的一个小乡村。卑尔根位于挪威西南海岸，是传统的航运和商业中心，重要的通商口岸。但贾埃弗出生和居住的是一个小村子，居民大多从事农业生产，到卑尔根去还要坐火车。小时候，贾埃弗经常坐在铁道旁，等待火车的到来。蒸汽机车头冒着黑烟和白烟，拉着满载着货物或乘客的车厢呼啸而过，他心中不禁遐想：这个笨重的大家伙怎么会有那么大的力气？贾埃弗从小就对各种机械装置充满了好奇心，喜欢摆弄钟表、收音机等玩意儿，经常把它们拆开了再装上。慢慢地，他学会了修理钟表、收音机的"手艺"，自家和邻居的钟表、收音机坏了，总是由他修好。但他并不觉得有什么了不起，因为村里的人们总是自己动手修理桌椅、农具和机械。他认为，自己的东西坏了自己修，是理所当然的事。

贾埃弗的父亲没有上过大学，但依靠自学成了一名药剂师，在村里行医。他家并不富裕，没有自己的房子，一家 5 口人只能借住在一座农场的房子里。

贾埃弗的父亲热爱知识、酷爱读书。小乡村附近没有图书馆，父亲就自己开办了一个小书店。既可以满足村里其他人的读书需求，更可以自己先过过"书瘾"。父亲每次进货都在三四百本书以上，而几乎每本书父亲都是在出售之前先睹为快。由于并不是每本书都能卖出去的，书越积越多，后来父亲干脆做了许多书架，并不宽敞的家俨然一个小小的图书馆。小贾埃弗就是在这样一个环境中成长起来的。受父亲的影响，他和哥哥也成了"书虫"。但没有受过多少教育的母亲对儿子们的爱好并不赞成，特别是晚上，一看到小哥俩看书，就把灯关了。而小哥俩等母亲离开后，就拿出手电筒在被窝里继续看起书来。

6. 不要扼杀孩子的天赋

有人说，教育的目的就是形成习惯，这是极端错误的说法。教育的目的不在于形成习惯，而是要经常防止习惯的固定化，这才是教育最重要的课题。

然而，现行的教育是恰恰相反的，重纪律甚于重素质，把纪律看得高于一切。凡是遵守纪律的孩子，就被看成是好孩子，享受各种优待；一旦孩子违犯了什么纪律，不管是有心还是无意，一律视为大敌，非得严惩不可。人们常常不自觉地要用纪律去约束孩子，尽力使他们合乎规范。孰不知，一个合乎规范的孩子，可能就是一个完全丧失了创造力和想象力的孩子。

彼特的父亲是个生活刻板严谨的人，极有规律，无论发生什么事，作息时间从不改变。但这么一个讲究纪律的人，却有一个最调皮捣蛋的儿子彼特。

彼特是个精力旺盛的孩子，成天都在不停地动，不知疲倦地摔破器皿，弄坏东西，惹是生非。他与他的父亲是两个极端，因此父子之间的战争一天之中不知要发生多少次。

有一次，彼特把祖母刚送给他的万花筒拆开了，想看看里面究竟藏了些什么，这自然会招致他父亲的愤怒。拆东西可算是彼特最大的爱好了，凡是让他感到好奇的东西，都逃不过被拆的命运，当然他也逃不过挨揍的命运。可是无论父亲多少打骂，他的这个毛病始终也改不了。

还有一次，彼特竟然把一块金表给拆开了，要知道这块表是彼特故去的爷爷留下来的遗物。他父亲一直十分珍惜，总是带在怀里，从不离身。不久前他还说表出了点故障，必须拿去修理，哪知还没来得及修，就被他这个调皮的儿子给翻了出来。现在这表被大卸八块，零件散落了一地。父亲立即暴跳如雷，一耳光将儿子打得坐在地上，接着上去就是一阵拳打脚踢。

站在一边的母亲实在看不下去了，上前去抓住他的胳膊，高声说："请不要打了，你这样打孩子太过分了。"

他跺着脚说："你还护着他！你看他把我的表弄成什么样子。"

"彼特是弄坏了表，但是你认为一块表比自己的儿子更重要吗？"

这时，彼特抽抽咽咽地说："我没弄坏表……我……我只是拆开看看它哪儿出毛病了……"。

母亲继续对他说："不管彼特是修表还是拆表，你都不应该打他，你这一打，恐怕又一个'爱迪生'就这样被你给'枪毙'了。"

他愣了一下，问道："我不懂你这话是什么意思。"

"就算孩子拆坏了金表，他也只是想知道金表里到底有什么，这是一种好奇心，这是有求知欲和想象力的表现，也是一种创造。如果你是一个明智的父亲，就不应该打孩子，而应该解放孩子的双手，要给孩子提供从小就能够动手的机会。"

那天彼特抽抽咽咽地哭了很久。他一个人坐在门前的台阶上，已经不哭了，可是眼睛里却充满了9岁的孩子不该有的忧郁神情。

直到他母亲哭得昏死过去，彼特才不情愿地回家了，这件事对他父亲的震动非常大，他开始认真地对待儿子的天性，不再强求他非要与自己一样。这样一来，他发现自己和儿子都变得轻松愉快了。

这是一个极端的事例，但它同时也非常具有典型性。当孩子显露出某方面的天才时，我们的教育不但不加以引导和启发，反而首先是用纪律的条框去规整它，使它符合我们的习惯。这是一个错误的习惯。

对于教育者最重要的是这样的认识：用烦琐而不必要的纪律使孩子的习惯固定化，把孩子造就成一具具只会听话却不懂思考的机器，这是在教育中应该坚决予以禁止的，这才是教育应遵循的最高纪律。

第四章　重视孩子的天赋及后天的培养

1. 注重孩子的早期培养

1800 年，德国哈勒附近一个叫洛赫的村庄，出生了一个被认为是痴呆的婴儿，他的名字叫威特。

威特的父亲卡尔·威特是个有独特见解的人，他的信念是孩子必须从婴儿时期开始教育，坚持下去一般的孩子也能成为不平凡的人。他踏踏实实地按照自己的计划，对威特进行教育，结果这个被人嫌弃的傻孩子不久就让邻居们刮目相看了。威特 8－9 岁时已能够自如地运用德、法、意、拉丁、英和希腊等 6 种语言，通晓动物学、植物学、物理学、化学和数学。9 岁那年，他又获法学博士学位，不到 14 岁就被授予哲学博士学位，两年之后又获法学博士学位，被柏林大学聘为法学教授。

卡尔·威特对小威特进行早期教育的原则和方法都写在一本名为《卡尔·威特的教育》的书中，卡尔·威特说：

婴儿时期的威特反应相当迟钝，显得极为痴呆。我无法掩饰作为父亲的悲伤，曾经哀叹：这是遭的什么样的罪孽呀！上帝怎么给了我这样一个傻孩子呢？我的邻居们常常劝我不要为此过分担忧。他们是一些善良的人们。可是在心底里的确认为卡尔是个白痴，而且还在背地里为孩子的未来和我们的处境犯愁。

我尽管很悲伤，可是没有绝望。我要尽到做父亲的责任，尽我的能力给他最好的教育。

当时，有人提出了这样一个观点"对于孩子来说，最重要的是天赋而不是教育。教育家无论怎样拼命施教，其作用也是有限的。"

我认为，对于孩子的成长来说最重要的是教育而不是天赋。孩子最终成为天才还是庸才，不取决于天赋的大小，关键决定于他或她从生下来到五六岁时的教育。诚然，孩子的天赋是有差异的，但这种差异毕竟有限。在我看来，别说那些生下来就具备非凡禀赋的孩子，即使仅具备一般禀赋的孩子，只要教育得法，也能成为非凡的人。

在我的精心教育下没有多久，当初的"傻"孩子就轰动了邻里。当威特长到四五岁时，他在各方面的能力已大大超过了同年龄的孩子。

我始终坚信，只要教育得法，大多数孩子都会成为非凡的人才。事实也证明了这一点，连我的儿子这样生下来毫不出色的孩子，在经过精心培养以后，也能获得如此成功。

不过，我不能断言，运用我的教育方法的人就一定能像我一样获得成功。另外，也没有必要让别的孩子都像我儿子一样接受那样的教育。但是我相信，不管谁使用我的教育法，肯定都会取得良好的效果。

这个事例带给我们的启示是：只要教育得当，孩子，包括那些天资并不好的孩子，都是可以成长的。卡尔·威特在 19 世纪初对他儿子的教育证实了这一点，许多有才能的人的成长过程也证实了这一点。

孩子各个时期大脑发育的侧重点不同，因此各项智能发展各有不同的关键期，孩子在这个时期内更容易学会某种知识。一旦时机错过，学习就会变得非常困难。动物刚生下来会产生短时间内的"印刻"现象，可以通过特殊的学习环境"铭记"一些东西，或形成条件反射。例如：如果刚出生的小鸭子总是围着小孩团团转，它就会以为小孩是自己的妈妈，久而久之，就可能对小孩形成依恋。在小鸭出生 13－16 小时，会发生"印刻"现象，但 24 小时后就不再可能出现"印刻"现象了，这是由大脑的结构决定的。如果小羊刚出生后的几天不在妈妈身边，以后它就不再合群而总是乱跑。如果小鸟出生后的头几周不在鸟群生活，它将永远不能唱出动听的"歌声"。芝加哥大学前任校长、诺尔奖获得者、遗传学家乔治·比德博上说：我们也像小鸭子一样，在生命的早期就开始学习了……而且早期学习比我们以前想象得更重要。

研究者表明，儿童早期，大脑中存在某种机制，使儿童在一定时间内比较容易完成某种形式的学习。如果在这段时间内没有用相应的刺激任务来激发，以后即使有同样的刺激任务，也很难再进行这一学习了。

例如，在胎儿发育期，有一个关键阶段，正在发育的胎儿极易受外界的有毒物质和疾病的伤害。如果母亲在怀孕的头 3 个月的某几天内患风疹，胎儿可能会受损，甚至出现畸形。但如果过了 3 个月以后，母亲再得同样的病，对胎儿的影响力就很微弱了。

婴儿出生后的 6－12 个月，是孩子与父母和照看者建立依恋关系的关键时期。在这个时期内，如果把孩子送到托儿所，而照看他的人又经常变换，或者父母经常外出，都影响父母与孩子的关系。

10－12 岁以前是孩子学习语言的关键时期。一旦错过这个时期，儿童就只能通过翻译过程或"间接语言学习"的方法来学习新的语言，而且比学习母语要困难得多。玛丽亚·蒙台梭利教授认为四五岁是孩子学习阅读、写作和数数的关键期。因而不能忽视了学前儿童的阅读能力和兴趣，否则会影响孩子求知的动机和学习的能力。

我们也知道，孩子大脑的可塑性极强。早期学习的知识，即使长成以后不能很清晰地回忆起来，这些知识也会永远保存在他的脑海中。如果一个孩子大脑的语言中枢不幸受到了损害，他还可以重新学会说话，因为在几个月内，他的大脑就可发育出另一个语言中枢。如果成年人的言语中枢受到同样的伤害，则很难恢复，因为成年人的大脑失去了可塑性。

与身体的其他器官相比，人脑具有可塑性，有高度适应性和灵活性。使用、刺激、停用、压力、损伤和疾病都可能影响大脑的形成，外界环境也能影响大脑的定型。虽然在人一生中，神经细胞都在不断分枝，产生联结，从而使人能继续学习，但是，人的很多才华、能力和态度却在儿童早期就已基本定型，并成为人的一生中进一步学习的基础。

2. 重视孩子早期的语言能力培养

学过英语的人大多知道由韦伯斯特编纂的《英语词典》，这是世界上最具有权威性的英语辞典之一。韦伯斯特的成功和家庭成员对他的早期教育是分不开的。

1785 年，韦伯斯特出生在美国康涅狄格州的首府哈特福德市。韦伯斯特的父亲为刚降生的孩子制定了一个大胆的、富有想象力的教育计划，这项计划得到了家庭其他成员始终不渝地支持与合作。

根据老韦伯斯特的计划，在家庭中，父亲只讲英语，母亲只讲法语，而祖父只用德语说话，其他语种禁止使用。家里还特意雇佣了一名北欧人做保姆，规定她也只能用本国语言说话。从小，父亲、母亲、祖父和保姆就用四种不同的语言与小韦伯斯特交流，他居然毫不费力地掌握了这四国语言。等到小韦伯斯特长大了，开始接触左邻右舍，对每个人都只用英语说话大惑不解，因为他一直以为，世界上每个人都运用不同的语言在说话。

老韦伯斯特的教育计划终于在儿子身上开花结果了。韦伯斯特从耶鲁大学毕业后，十分顺利地从事了教师、记者、法律学家和语言家的工作，25岁编撰出版了由缀字、语法和课文三部分组成的英语教科书，晚年完成了《英语词典》的编纂。

语言是人类沟通的媒介，又是获得知识、学习其他技能的基础。语言能力的发展，是孩子综合素质的体现，是多途径、多形式、长期训练的结果。语言能力的培养，是早期教育的核心内容之一。语言能力的培养必须从小开始。

3. 从兴趣、行为、性格上发掘孩子的天赋

儿童的兴趣所在往往就是其天赋的"闪光点"，贝多芬4岁时喜欢在琴键上来回按动，其祖父及时抓住这一"闪光点"，有意识地去培养他，结果他8岁就能登台表演，最终成为享誉世界的音乐家。

家长平时要仔细观察，看孩子是否不断地提出某一方面的问题，聚精会神地听某方面的讲述，或津津有味谈论某一领域的事情；是否主动地参加或观察某个活动；是否专心地做某方面的小实验；是否经常购阅某一方面的书籍；是否特别珍惜某些物品等等。另外，多与学校的老师联系，并与孩子一起玩耍、散步、旅游，以便发现孩子的爱好与兴趣。

孩子在日常活动中会有不同的表现，家长应随时留心观察孩子的灵性所在。所谓灵性，指孩子在某项活动中表现出色，优于其他同龄儿童，对某些知识一点就通，容易入门，学习积极性与主动性强，热情长久不衰。如开始说话早，对语言的记忆力较强，说起话来滔滔不绝，喜欢讲故事，这表明孩子有语言天赋；如孩子爱听车或船的鸣笛声以及其他有节奏的声音，学习新歌曲毫不费力，这表明他有音乐天赋；如擅长下国际象棋或跳棋，喜欢问抽象的问题，表明他有逻辑数学天赋；如爱提各种各样的问题，对天文、地理和自然现象的知识感兴趣，表明他有空间想象；如能较早地做各种运动动作，熟练地掌握各种体育器械，表明他有运动协调天赋；如能观察别人的微小变化，在阅读小说或看电视、电影时能很快认出其中的正、反角，表明他有管理方面的天赋。

据德国科学家研究，孩子的个性也是其天赋的"显示屏"。20年前密歇根大学的专家对125名3—10岁孩子的母亲进行问卷调查，依据孩子在同别人发生意见分歧时的态度予以性格分类，并与现在的情况进行对照研究，发现那些自己的意见一旦被否决就哭的孩子，感情脆弱、敏感，日后大多数成为有艺术特长的人。专家的解释是：这类孩子不尝试解决冲突，因此长大后内心世界比较丰富。而那些显得自信的孩子，长大后许多人成了法官、新闻记者或律师。至于那些不经过深思熟虑就脱口而出、为证明自己正确态度咄咄逼人的孩子，日后容易成为部门的领导或管理者。

4. 重视后天培养和名师的指导

路德维希·范·贝多芬是伟大的音乐家。贝多芬1770年12月16日生于莱茵河畔离法国国境不远的小城市——波恩。父亲是个宫廷乐团的男高音歌手，母亲是个厨娘，祖父是波恩宫廷乐团的乐长。

贝多芬自幼就显露出音乐天才，父亲洞察儿子的音乐天分后。决意要把贝多芬培养成为莫扎特式的名作曲家，从小就对他进行严格的训练，当他发现自己已经教不了儿子时，就马上请了海顿等第一流的音乐家作贝多芬的老师。如果没有其父那种执著的精神、严格的要求和脚踏实地的作风，是无法造就贝多芬这样一位集古典派之大成，开浪漫派之先河的音乐大师的。

达·芬奇的父亲比埃罗十分重视名师的指导作用。为了使孩子取得名师的指导，1466年，他同儿子一起来到了佛罗伦萨。罗基奥是当地一位颇有名气的画家和雕刻家。比埃罗带着儿子找到了罗基奥，向他说明了来意，并将达·芬奇的简单情况作了一番介绍。罗基奥看达·芬奇既有绘画的才能，又有学画的决心，就接受了他。

1993年，李云迪获得了重庆市首届少儿钢琴比赛第一名。

1994年，他获得了全国青少年钢琴比赛第一名，同年，他还以第一名的成绩考进四川音乐学院附中。

1995年，但教授应邀到深圳艺术学校任教，李云迪是跟是留，已经关系到整个家庭的变动。父母毅然决定，但教授到哪儿，云迪就跟到哪儿。为此，李云迪的母亲张小鲁辞去了工作，专门来深圳陪读。

对于许多学钢琴的孩子来说，往往家长的毅力就是孩子的毅力。张小鲁说："我每次陪儿子练琴，都是非常用心地听。每天陪上五六个小时，我并不觉得累。我们既然选择了这条路，就应该对得起自己付出的一切。"也许正是张小鲁执著的性格，使得李云迪很佩服她，也很听她的话。

哪一个家长不希望自己的孩子出类拔萃呢？据统计，每十个孩子里面就有一个有条件在某个方面出类拔萃。遗传学家认为，天才可以出生在任何家庭，尤其是知识分子和富有创新精神的家庭。

从小喜爱生物学，但从来就不是一个出类拔萃的学生，不善言谈性格腼腆，于是选择了毋需抛头露面的研究。

1958 年、1980 年两度获诺贝尔化学奖的英国生物化学家弗雷德里克·桑格，1918 年 8 月 13 日出生于英国格罗斯特郡伦德科姆村。他有着与他父亲一模一样的名字，母亲叫西塞莉·C·桑格，是一个富裕棉花商的女儿。老桑格曾获得博士学位，是伦德科姆村的一位开业医生，并是从事医药研究的学者。

父亲很热爱自己的事业，在当地十分受人尊敬。比桑格大 1 岁的哥哥耳濡目染，对生物学产生了浓厚兴趣。受哥哥的影响，桑格也从很小就开始迷恋上了生物学。从此，小哥俩铆着劲的要争得生物学的"恩宠"。他们采集和制作动植物标本，阅读生物学的科普书籍。有时，小哥俩还会为争相阅读一本好书或辩论一个科学问题而争执得脸红脖子粗。但一致的爱好和共同目标，使他们很快又和好如初。在相互竞争与学习中，桑格不仅增长了生物学方面的知识和进行科学实验的初步技能，而且他逐渐认识到了科学和科学方法的重要性。

桑格在学校绝不是一个出类拔萃的学生。虽然他热爱生物学，并投入了很大精力，使他在这方面的知识和水平远远超出了同龄的孩子，然而生物学并不是学校所要考核的课程，这对于提高他的学习成绩没有多大帮助。而且桑格对分数高低并不在意，所以他的学习成绩平平。加上性格内向，因此他在学校里很少引人注意。桑格的父母也没有要求他为追求好成绩而放弃自己的爱好，而是任凭他畅游在生物学知识的海洋里，自得其乐。

在默默无闻的学习中，桑格即将中学毕业了，他开始考虑自己的前程。你很尊敬父亲，也很喜欢父亲的职业，但他不善言谈，有时甚至羞于与陌生人交谈，他意识到自己腼腆内向的性格并不适宜于当医生。在经过认真慎重的考虑之后，他选择了一项可以不用抛头露面但又可以干自己感兴趣的事的职业——科学研究。这是一个明智的决定，因为此后的事实证明：他为自己挑选的路是非常正确的。

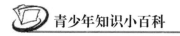

5. 成绩不能定今生

我们知道，有许多荣获诺贝尔奖的科学家在青少年时代就表现出了很高的天分，学习成绩优异，在同龄的孩子中出类拔萃。但同时我们也发现，还有不少人小时候并不是成绩突出的优秀学生，有的甚至成绩很差，然而他们日后依然成为杰出的科学家，并荣获了诺贝尔奖。究竟应该如何看待孩子的学习成绩？希望下面介绍的部分获奖科学家的故事能对我们有所启示。"平庸"的学生，杰出的科学家 1958 年和 1980 年两次诺贝尔化学奖获得者、英国生物化学家桑格受父亲和哥哥的影响，从小就对生物学产生了浓厚兴趣。

虽然桑格热爱生物学，并投入了很大精力，但他的学习成绩平平。

桑格从小学到大学所获得过的唯一奖励是"全勤奖"，从未显示出过人的才华。但他却在日后的科学研究中取得了多项重要成果，成为诺贝尔化学奖历史上仅有的一名两次获奖者。而他从事研究的生物化学领域，正是他儿时爱好的生物学的深入与发展。

类似的情况还发生在 1981 年诺贝尔化学奖获得者、日本化学家福井谦一的身上。福井谦一甚至还不如桑格，因为他小时候体弱多病，连"全勤奖"也没有获得过。而在福井谦一的记忆中，他的父母从不过问他的学习成绩，甚至连"好好学习"之类的话也从没有说过。

福井谦一的学生时代一直是在一种宽松的环境下度过的。在他上大学时是工业化学专业的学生，但他最感兴趣的是物理学，他经常跑到物理系去听量子力学的课程。正因为如此，福井谦一后来运用量子力学研究化学反应的理论问题，为现代化学最重要的基础理论——分子轨道理论作出了重要贡献，使他这个一贯成绩平平的学生成为日本第一位诺贝尔化学奖得主。

6. 孩子的潜力有多大

人的脑细胞数量达 140 亿个之多，据专家们研究，人们目前只能使用自己脑细胞数量的百分之几，就是说，还有 90% 以上的脑细胞没有用上。

那么，人的潜力究竟有多大，孩子的潜力究竟有多大呢？美国心理学家、教育家陶曼博士做了关于孩子潜能的调查与实验，并取得了令人吃惊的成果。2 岁的女孩埃娜可以顺利地讲解《尼尔斯骑鹅旅行记》；3 岁的彼埃尔成了当地一家私人电脑公司的软件程序员；4 岁的女孩苏珊娜通晓了四国语言；4 岁的男孩马丁已经不满足于母亲的教育进度，尽管他母亲的教育水准之高在别人眼里已经不可思议。马丁的日语使日本人不敢相信他没有去过日本。他还经常到当地的图书馆借书，图书管理员说："几个月来，我一直认为他是为父母借书。"更令人感兴趣的是，马丁邻居家的几个小学三四年级的孩子常常来马丁家和他一起完成作业。马丁不止一次地向这些大同学讲解他已经解决而他们尚未去想的问题。

而陶曼博士的一位学生也使一位音乐教授为他的耳朵大伤脑筋，因为他的耳朵告诉他这个唱片的演奏者起码有十年的演奏经验，而唱片上却写着"演奏者：史歌德，4 岁"。他还不知道，此刻一些美术教师正在为同一个史歌德对马蒂斯的野兽派作品的独到见解而大鼓其掌呢！

这些孩子出自于同一所学校，接受同一种教育，同是陶曼博士的学生。长期以来，陶曼博士一直从事于低能孩子的智能教育。一批智商在 70－75 的低能孩子经过陶曼博士一年的努力教育，有 95% 智商达到了 90 以上，这意味着他们已经与常人相差无几。

10 年前，陶曼博士产生了一个想法，低能孩子经过适当的教育可以变得智力正常，那么智力正常与智力超常的孩子又有多少潜力可挖掘呢？于是，陶曼博士精心研究了一套全新的幼儿教育法——大脑信息强化刺激教育法。这种教育法的原理是运用人的视觉、听觉、触觉等一切感觉渠道，来刺激大脑细胞的分裂、增殖和成长。

随后，陶曼博士精心挑选了一些智商在 110－120 之间的两三岁孩子作为首批接受试验者。这些孩子的家长有工程师、医生、教师，也有职员、售货员、装配工。如马丁的母亲是位家庭妇女。而信息强化刺激教育法的第一步的工作是使家长懂得强化刺激教育法的意义及实施方法。

信息强化刺激教育法一开始就显得非常大胆。因为使用语言不能与两三岁的孩子交流，陶曼博士就放弃了正规语言训练，而用各种最浅显又能为孩子接受的符号来代替语言。这些符号包括点、线及其组合和各种简单图案。这些几何图形并不限于两度空间，还包括各种立体模型。用陶曼博士的话说："否则，会使孩子缺乏空间想象力。"

在孩子有了简单的概念后，陶曼博士为他们开设了算术、语文、外语、音乐、美术、体操等课程。仅有的教科书是给家长看的说明书及注意事项。孩子们使用的是陶曼博士的自制卡片。几个月后，卡片的制作工作由家长负责。因为这时家长已经能够熟练地掌握并运用陶曼教育法了。然而，制作卡片的工作量太大，家长们往往制作到深夜，这使得那些有工作的家长叫苦不迭，有的人不得不放弃对孩子进行这种教育，可是也有的家长为此辞退了工作。陶曼教育法的效果是异乎寻常而令人信服的。但是，这批神童如何上学呢？他们的潜力挖掘出来了，又能维持多久呢？还有那么多的孩子的潜力没有被挖掘出来，做父母和老师的应该如何办呢？这将是人类继续研究和探讨的重大课题。

7. 天才如何培养

为了培养孩子的艺术细胞，使他们茁壮成长，父亲与母亲应该做些什么呢？

有的父亲和母亲可能会因为自己节衣缩食为孩子买了一架钢琴就心安理得了；或者认为不吝惜金钱与时间，把孩子早早送到艺术教育学校就万事大吉了。的确，买钢琴、请一位好老师是父母应该做的事情。但是，还有更多的事情等待父母去做。父母都不可推诿的作用和职责有：

1. 成长的机会

对孩子的教育忽冷忽热，水准忽高忽低，没有细致的教育方案，没有长远的打算，便不能使孩子的艺术活动能力得到明显的提高。

应该尽量地抓住机会，不失时机地给孩子以最科学的指导。这一点非常重要。孩子一岁的时候就可以握笔涂鸦了。将笔和纸交给孩子，特别是把颜色鲜艳的笔交给孩子，这不仅可以使孩子画画的要求得到满足，同时能够刺激孩子视觉的发育，使手指和胳膊得到运动与锻炼，促进小肌群的成长。假如此时父母看到孩子因画画而撕破了纸，把笔也扔在了地上，便训斥孩子，就会在孩子稚嫩的心灵里种下"笔与纸不可以随便乱动"的种子。那么，这个孩子长到可以不撕纸的年龄时，已经不喜欢这种最普遍的文化用品了。

2. 关心孩子的各种兴趣

孩子对事物感兴趣时，也是最有指导效果的时候。错过这一时机，将给孩子带来终生缺憾。

日本索尼公司创始人、幼儿教育家井深大先生指出：人的脑细胞网络是由于出生以后受到刺激，逐步发展与完善的，人从生下来就具有各种细胞，其功能起初是潜在的。如果不适当地给予刺激，它们便不能分裂增殖，发挥作用，很可能在发挥作用之前就告终结，其结果如同一开始人体就不存在这种细胞一样。

兴趣就是对这潜在的种种细胞有效的刺激。如果这种刺激持续而强烈，兴趣就会使细胞分裂增殖。孩子的兴趣容易转移多变。正是在童稚期，大脑细胞需要多种刺激，从而为具备多种功能作准备。兴趣的变化不是坏事，它是人自身才能增值的表现，正因为如此，科学的智商值在它面前变得微不足道。

当孩子想知道事物的名称，或者想请父母为他们念书讲故事时，父母以"真讨厌"、"以后再说"的态度予以拒绝，与一个个地解答孩子提出的问题，在孩子没有失去兴趣之前提出"让我们一起谈谈看吧"相比，结果迥然不同。

3. 自发产生艺术兴趣

父母想培养孩子某个方面的艺术才能时，不要过于性急。父母急于训练孩子，从而打乱孩子兴趣爱好的临界期，使孩子永远地失去某种能力发展的可能。父母急于求成的结果会使孩子逃避超负荷的训练，因为繁重的、强迫的刺激将使孩子产生厌恶情绪。

4. 进步的乐趣

切忌嘲笑孩子的努力。在培养孩子的艺术细胞时，随时保护孩子的积极性。对孩子的哪怕是一点微小的进步，也要给予高度的赞赏。即使是孩子提出大人不屑一顾的问题，父母也要表示关心，承认孩子所付出的努力。在培养孩子艺术才能的工作中，父亲与母亲的作用十分重要。对于父亲与母亲来说，最重要的是：学会理解与尊重孩子，站在孩子的立场上来发挥父亲与母亲的作用。

第五章　激发孩子的求知欲

1. 唤醒孩子的求知欲

歌德是德国著名的剧作家、诗人和思想家，1749 年 7 月 28 日，歌德出生于法兰克福镇的一个富裕家庭。他是个独生子，父母对他的教育十分用心。父亲经常拉着小歌德到公园里游玩。这些时候，父亲总要教他唱些通俗易懂的歌谣，父亲的用意是想在游戏中向儿子灌输一些知识。

母亲在歌德刚刚两岁的时候，每天像上课一样给儿子讲故事。妈妈讲故事的方式也和一般人不同，她是用一种教学形式来"实施"的，不是一个劲地"满堂灌"。每次讲到一定阶段，或是讲到重要转折关头时，就突然停止，宣称"休息"，然后让歌德自己去联想下面的情节发展，甚至让他推想故事的结局。

小歌德总是为此做出各种猜想，有时还和奶奶认真商量。第二天，当母亲继续讲故事之前，小歌德说出自己设想的情节，受到母亲的鼓励，正是这些小故事唤醒了他的想象力，激发了他的潜力。

父母出色的家庭教育，使歌德在文学、音乐、绘画多方面受到了良好的熏陶。歌德 8 岁时便精通四种语言，成年后写下了许多名著：如《浮士德》，一直流传于世。

我国著名的细胞生物学家、教育家、科学活动家贝时璋，开创了我国放射生物学和宇宙生物学研究的先河，创立了细胞重建学说，是我国生物物理学的奠基者。

贝时璋 3 岁时，长辈领他去看村里的祠堂。没想到，他对祠堂门口石狮子嘴里的圆球产生了兴趣，他禁不住地想：这圆球既能滚动，又不掉出来，这是怎么回事呢？贝时璋琢磨了半天，也没弄明白其中的道理。

一次，父亲带贝时璋到上海办事，一路上，贝时璋看到许多从未看过的事情。他看见了拉纤人，看见了船老大把橹摇得飞快，看到了轮船。贝时璋感到奇怪的是：没有拉纤人和船老大，这船怎么会动呢？船舱里有一盏灯，没有灯油，灯怎么就能亮了呢？对这些疑问，贝时璋百思不得其解。

贝时璋还在堂姑妈家看到真正的电灯，这电灯依靠"扳头"，一上一下扳动使它一亮一灭。贝时璋呆呆地望着电灯想，乡下要有这玩意儿就方便多了。

短短的上海之行，贝时璋大开眼界，他心中涌起无限的遐想。上海之行开启了他心中好奇与探索之门。

求知欲是对知识的学习具有一种内在的渴望，就是常说的"爱学"，孩子只有"爱学"，对获得丰富的知识和好的成绩具有一种内在的持续的追求愿望，才可能"学好"。因此，父母要特别重视如何诱发孩子的求知欲。

2. 读书要讲求有效的方法

幼时因急中生智破缸救人的宋代历史学家司马光，千百年来被人们视为慧光早现的"神童"。司马光的成长与父母对他得当的家教分不开。

司马光的父亲司马池是一位胸怀大志的知识分子，他专心读书，锐意进取。做学问认真，待人质朴，教子严格。司马光的母亲聂氏，也是一位知书达理、才德俱佳的女子。在严父慈母的直接影响和教育下，司马光度过了自己的少年时代。

司马光六岁开始读书。起初，他对所学的东西不能理解，背书也记不住，父亲就告诉他：读书不能死记硬背，还要勤于思考，弄懂意思，诵读与理解并重。于是，别的孩子做游戏时，他却找个清静的地方苦苦攻读，直到把书背得滚瓜烂熟为止。很快，他的学业进步了，对学习的兴趣也越来越浓厚。第二年，他开始学习《左氏春秋》，更是书不离手，句不离口，刚听完老师的课，他就能够明白书的大意，而且还讲给家里的人听。渐渐地像着了迷一样，常常因学习忘了吃饭睡觉。

在父母的教诲下，司马光15岁时便"于书无所不通，文辞醇深，有西汉风"。而且，学到的知识都很扎实，以至"终身不忘"。他经过19年努力，终于完成了篇幅浩瀚、纪事广博的编年巨著《资治通鉴》。

扩大阅读范围，提高阅读效率，是当今时代对青少年提出的一个新的要求。那么，怎样才能提高阅读效率呢？要想读书效果好，必须具备良好的客观环境和心理环境。

3. 教给孩子学习的方法

学术有许多门类。但做学问的基本方法可以说有三个，一为思与学的统一，二为知与行的统一，三为述与作的统一。

孔子说："学而不思则罔，思而不学则殆。"学是接受已存的知识，思是独立思考。学而不思，只知接受已有的知识而不进行独立思考，则将迷惘而无所得。思而不学，不接受已有的知识，则将陷于荒谬。研究学问，一方面要继承前人已有的成果，另一方面又要独立思考，超过前人，取得新的成果。学是基础，思是在学的基础之上进一步独立思考，以达到前人所未达到的更高境界。

明代哲学家王阳明曾讲"知行合一"，知是认识，行是实践，知行合一即是认识与实践的统一。实践是认识的基础，又是判断认识正确与否的标准。研究学问，应该从实际出发，更要以实践加以检验。自然科学以实验室的实验为依据，社会科学的实验则复杂得多。但实践是检验真理的唯一标准则是颠扑不破的真理。

述与作的统一即是继承与创新的统一。墨子主张述而且作。文化学术的发展离不开创新。对于前人已经发现的真理，必须加以继承。创新是提出新的观点，具有新的发现。宇宙万象复杂繁衍，新的现象新的情况层出不穷。研究新的问题，提出新的观点，这是学术创新之路，而创新是学术发展的关键。

4. 重视孩子全面发展

2001年1月29日，美国参议院表决通过赵小兰为美国劳工部部长；2002年1月18日，纽约州州长柏德基宣布赵小兰的妹妹赵小美为纽约州消费者保护厅厅长，成为纽约州政府中职位最高的华人，令在美华人再次感到自豪和骄傲。

赵家姐妹的成就在很大程度上归功于成功的家庭教育。美国媒体在谈及赵小兰的成功时也无不赞扬"赵小兰那种不卑不亢，带有适度的矜持与华裔尊容的气质，来自她那特殊的家庭教育"。

赵小兰的父亲赵锡成毕业于上海交通大学，赵小兰的母亲朱木兰女士年轻时为了让孩子们学习好，甘心为孩子当好后勤，到了50多岁，才去读硕士学位。

赵小兰刚到美国时插班上三年级，一个英语单词也不会，每天上课时把黑板上的内容抄写下来，到晚上由劳累了一天的父亲给她译成中文，然后从字母教起。赵家把"知识就是力量"作为家训，教育孩子学习和做事。每天早晨上学都是赵小兰带妹妹赶学校的公车；在外花销，不论多少，回家都要报账。但父母又明确规定："只要是学习必须的东西，绝对不能省。"晚餐之后，赵家极少看电视，母亲陪着孩子一起读书。由于赵小兰的勤奋学习，1997 年获哈佛大学商学院硕士学位。

赵小兰的父母支持发展孩子的兴趣爱好，使赵小兰的学业和各种才华都得到了健康发展。她不仅能驰骋高尔夫球场、骑马场和溜冰场，而且还弹得一手好钢琴。

家里虽然有管家，但要求孩子自己洗衣服和整理房间。闲暇时，还要承担家务琐事。每天上学前，都要检查游泳池的设备，捞取脏物。周末，要把 800 平方米院子里的杂草拔掉。姐妹们还自己动手一尺一寸地铺成了家门前 36 米的车道柏油路面。因为孩子们记住了母亲的话：这个园地是一家人的，每个人都有责任。

赵小兰的父母注意培养孩子的民主意识和独立生存的能力。每到星期天，都举行一次家庭会议，让孩子说出自己的想法、收获、计划。假期总要安排一次全家旅游，行程中的一切事务都由孩子们负责。

父母都"望子成龙"、"望女成凤"。但这种期盼的重心，已从德才兼备向"更重学习成绩"偏移。现在有些家长只注重孩子的智力开发却忽视了品德教育，只盯住孩子的营养发育却忘记了审美引导，这很容易导致孩子"偏科"和"畸形发展"。

家长在关心孩子健康和重视他们的知识学习的同时，应特别注意加强思想品德的教育；在指导孩子的知识学习方面，要引导他们将文科、理科的基础都打牢；在抓好智力开发的同时，还应注意孩子各方面素质的提高，增强分析问题、解决问题和参与竞争的能力。

5. 知识在兴趣中升华：汤姆孙

约瑟夫·约翰·汤姆孙是 19 世纪中叶到 20 世纪初英国物理学家，他是世界上电子的发现者。他因通过对气体电传导的研究，测出电子的电荷与质量的比值，于 1906 年获得诺贝尔物理奖。1856 年 12 月 8 日，汤姆孙出生在英国曼彻斯特郊区的齐山姆，他的父亲是一位书商兼出版家，经营一些版本很少而年代又久远的书籍生意。汤姆孙小的时候，带着儿童特有的好奇，经常到父亲的书店去探求书里面讲的到底是什么故事。他的母亲也经常在饭后坐在沙发上或者带他到户外的安静之处，给他念那些书里的内容。

汤姆孙的父亲由于生意上的往来，社会交际十分广泛，许多教授和作家也都是他的好朋友。这些学者经常来和汤姆孙的父亲聊天，顺便给汤姆孙讲一些科普故事，他们渊博的知识令汤姆孙十分钦佩。

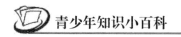

这样的家庭环境对汤姆孙的成长有着很大的帮助，因为书中有趣的故事培养了他对读书的兴趣，同时也培养了他对自然科学的热爱。

进入学校后，汤姆孙学习十分认真，他对于读书的兴趣也随着自己年龄的增长变得越来越浓厚了。每天放学后，他就躲在自己的小屋里静静地看书，除了读一些故事书以外，还经常读那些科学知识的书籍，而这些书的内容对于刚上小学的汤姆孙来说，有时候是不能完全明白的，但这并不能阻挡他对自然界奥秘的好奇和求知的欲望。汤姆孙经常把书中那些不懂的地方圈画下来，去问老师和父母以及父亲的那些学者朋友。

汤姆孙的母亲非常慈爱，她不仅关注着汤姆孙的学习，更关心儿子在其他方面的健康成长。汤姆孙小的时候，经常有许多小朋友到他家来玩，他们做各种各样的游戏，并且演一些儿童剧。每次孩子们玩完之后，汤姆孙的母亲总会给他们一些奖品和茶点来作为奖赏，孩子们看见奖品便由衷地高兴。因此，汤姆孙的童年是十分愉悦的，这对于培养汤姆孙广泛的兴趣和聪明的智力起到了积极的作用。

伟大的物理学家詹·焦耳经常和汤姆孙的父亲交往，也经常光顾他的书店。有一次，汤姆孙和詹·焦耳在父亲的书店不期而遇。

当汤姆孙来到书店的门口时，看见父亲和一位大胡子叔叔正在谈话，他礼貌地轻轻走进了书店，站在一旁静静地听着他们之间的讨论。看见汤姆孙走进书店，詹·焦耳和他的父亲停止了谈话。

"这位是焦耳先生。"父亲向儿子介绍说。

那时汤姆孙并不认识詹·焦耳，但他对詹·焦耳的名声早有所闻，知道他是一位伟大的科学家。今天在父亲的书店遇见詹·焦耳，他感到特别的激动和意外。

"詹·焦耳先生，您好！"汤姆孙满怀崇敬而又怯生生地向詹·焦耳先生行了个礼。

詹·焦耳亲切地抚摸着汤姆孙的头回答道："好，你好！"

詹·焦耳先生走后，父亲对儿子说："你以后可以骄傲地对别人说：我见过伟大的科学家焦耳，还向他问过好呢！"他认真地点点头，懂得了父亲的话是对自己寄托着殷切的希望。

汤姆孙的学习成绩一直很好，他的父亲原本希望他能学习工程学，做一名应用科学的工程师。1870 年，14 岁的汤姆孙进入欧文斯学院学习工程学。但是到了 1872 年，也就是他 16 岁的时候，由于父亲的去世，汤姆孙无法交纳学习工程学所需要的学费，几乎要停学。就在这时，欧文斯学院为汤姆孙提供了一笔奖学金，于是他就改学自己喜欢的物理和数学。1874 年，18 岁的汤姆孙，在物理学家史迪华指导下，完成了第一篇科学论文《绝缘体之间接触电的实验研究》。1876年，汤姆孙获得了剑桥大学的奖学金，进入剑桥大学三一学院继续深造。1880年，汤姆孙取得了剑桥大学的学士学位，并于次年担任三一学院的研究员。1883年，汤姆孙由于对完全不可压缩流体中两个闭合旋涡相互作用的研究成果，获得亚当斯奖金，因而当年升任该学院的讲师，随后，进入著名的剑桥大学卡文迪什实验室工作。

6. 兴趣始于读书：阿瑟·L·消洛

肖洛是美国物理学家，因发明高分辨率激光光谱仪和发展激光光谱学的成就，获1981年诺贝尔物理学奖。

阿瑟·L·肖洛1921年5月5日出生在美国纽约的弗农山。大约在他3岁时，全家迁往加拿大多伦多。他的母亲海伦是在加拿大出生并在那里长大的。他的父亲出生在俄国统治下的拉脱维亚，是一个犹太人。当时，多伦多反犹太主义气氛很浓，直到肖洛长大成人以后，他才知道自己是犹太人。

肖洛的父亲在大都会生活保险公司工作，总是在晚上人们一般都在家的时候上门推销保险。由于工作认真努力，即使是在大萧条时期，父亲也没有失去工作，使得全家吃穿都有保证。

家里各种修修补补的事通常是由肖洛的母亲去做。在肖洛的眼里，父母都是很能干的人。他曾想过，母亲或许能成为一名不错的工程师，父亲可能会成为一位科学家，这的确曾是父母早年的理想，很遗憾的是，由于种种原因他们都没有如愿。

从大约6岁起，肖洛经常去离他家半英里远的一座小图书馆。他在那里可以借很多书带回家，把书读完了再还回去，然后再借。这样，肖洛养成了读书的习惯。他有时候也读一些传说、神话和史诗故事类的文学作品，像古希腊史诗《伊利亚特》、《奥德赛》和一些挪威传说。肖洛的家中有一部《知识丛书》，这本书不是作为百科全书写的，更像一本杂志，或是关于各种题材的故事文集。肖洛花了很多时间读它，从中受到很多启发。

肖洛对科学的兴趣也是从读书中培养起来的，其中特别是关于收音机的书引起了肖洛很大兴趣。他没有钱，只想装一台矿石收音机。肖洛在回忆当年的情景时说："我记得，我得到第一台收音机时大概是1925年或1926年，它是由电池驱动的。街区几乎所有的孩子都跑来听'圣诞老人的奇遇'那个节目。报纸上每星期载文讲解如何看电路图装配收音机。收音机一般都是用标准零件装配起来的，而报上介绍的方法却可以用一些非标准件来进行组装，而且比头的收音机便宜。看了这些文章之后，我心情非常激动，也试着做了收音机。"肖洛确实对收音机着迷了，他经常从朋友那里借一些旧的无线电杂志来看，从中学到很多东西。

肖洛的父母对孩子感兴趣的事从不干涉，总是加以支持。但是父母对子女到底有多少理解，肖洛从未被问过，可能并没有多深的理解，仅是出于对孩子的尊重。他们并不过高地要求孩子，对子女是否获得成功也不十分在意，只要尽力了就行。

肖洛上小学时学习好、记忆力好、学东西快，因而跳了几级。当他跳级落到一个叫布雷的老师手里时，奇怪的事情发生了。这位老师教过肖洛的姐姐，也很喜欢她，但不知为什么就是不喜欢肖洛，声称肖洛是个很笨的孩子。当时的小孩子们常常把纸弄成一团，然后用唾沫吐湿它，再用它来打人。布雷老师就不无轻蔑口吻地把肖洛称作是"湿纸团"（意为"笨拙的"、"令人讨厌的"）。

"湿纸团"是什么？肖洛不明白老师说话的意思，只好跑回家去问妈妈。母亲担心孩子真会出点什么问题，忙带着小肖洛去看心理医生。医生给他做了智商测试，结果是布洛的智商远超出一般孩子的智商。但肖洛对这种测试不以为然，他认为这种测试是很不真实的，可能某一天得分高一些，另外一天就可能低了下去。好在风波很快就过去了，只有这位老师说肖洛笨，其他人都没有这种想法。

即使这样，肖洛的成绩也没受到影响，他的成绩仍然保持优异，肖洛作为班里年龄最小的学生升入了中学。在那里，他的学习好像是轻而易举的事。其实，并非如此，他一直是非常努力的，总有许多事情要做。他学过拉丁语、法语、德语，在学习语言方面他一点也不感到困难，数学也是班上最好的，但是学习化学时他却碰到了麻烦。他的老师是一个名叫肯瑞的英国老头，这个人很守旧，也不学习新的知识，可能从 1900 年以来他就再没有更新过知识。他不相信原子，只相信化学试剂，使用的专业名词还是 19 世纪的说法。当然，这样的老师教出来的学生水平肯定是很糟糕的，肖洛也不例外。如果换一个水平高的老师，肖洛有可能得到的是诺贝尔化学奖而不是物理学奖吧。

7. 兴趣激发求知欲：哈尔斯·泰勒

兴趣是孩子学习动力的一个重要组成部分。有句古老的格言曾经说：如果一个人只满足于完成别人所要求的事情，他只能是个奴隶。只有当他超越了这个限度，才会成为一个自由人。

1993年，科学家哈尔斯·泰勒因脉冲双星、相对论与重力幅射的研究而获诺贝尔奖。他回忆起儿时和小伙伴在大风的野外张网捕鸟时的情景：那时整个村子里的小孩子们都有捕鸟的爱好，什么白眼鸟、信天翁、山雀都喜欢捕来养起来。而他和小伙伴赫尔塞对此事更是乐此不疲，别人养两三只，他们非养二三十只不可，总要比别人多十几倍。也许是兴趣变成动力的缘故，在那样的大风天气里，他们竟然忘掉了寒冷，躲在大树的背后，双眼紧紧盯着捕鸟网，等待着那些呆头呆脑的家伙飞入网中。那一刻，好像世界上什么也不存在了，他和赫尔塞的注意力都集中在这种令人兴奋而激动的爱好上了。别人捕鸟要用一个多小时，而他们俩仅用半小时就可以一下子就养二三十只，他感到那是种兴奋和自豪的感觉。

在这里，孩提时的哈尔斯之所以能集中全部注意力，不管天气是否恶劣，是因为他们对捕鸟的强烈兴趣。兴趣使他们不用任何努力就能达到忘我的境界。

哈佛大学的杰拉尔德教授的研究表明，兴趣是引起和保持注意的主要因素，对感兴趣的事物，人们总是愉快主动地去探究它。只要有兴趣，干什么都可以干好，甚至想起来就要喜形于色，于是，注意力就在兴趣的陪伴下自然而然地得到了增强。

因此，不要用数字卡片教孩子数数，如果他喜欢玩积木，就让他数积木。

如果你的孩子能精力集中地坚持10分钟，那么你可以鼓励他，让他再坚持一会，适当拉长专心时间。

当孩子没有兴趣弹钢琴时，就暂时让他休息一会，不要强制他，没有兴趣的工作是不会集中注意力的。在孩子兴致盎然地玩耍时，不要打断他们，那样会分散他们的注意力。

注意不要让孩子太疲劳，否则他们对什么都会感到索然无味。和孩子开展比赛，看谁做得好，孩子就会感到有挑战性而特别兴奋，就会全力以赴。

8. 鼓励孩子多读书：布洛姆伯根

1981年的诺贝尔物理学奖的获得者是荷兰裔美国物理学家尼古拉斯·布洛姆柏根。他在后来的自传中介绍了自己成长道路上鲜为人知的学习故事。

小时候，尼古拉斯·布洛姆伯根的父母总是鼓励他们兄妹六人努力学习。在上学时，布洛姆柏根发现物理是最难学的，但他喜欢向它挑战，喜欢用有限的概念和数学公式去描述观察到的事物。14岁时，他阅读了诺贝尔物理和化学奖得主玛丽·居里的传记，他被这本书中主人公的生动故事所深深吸引。

在第二次世界大战期间，布洛姆伯根的祖国荷兰被法西斯占领，即使在那样艰难的岁月里，他也尽其所能坚持学习物理。那时他从未期望过自己会在20世纪后半叶获得这么多的荣誉。

布洛姆伯根的家庭是幸福的。他的父母奥科·布洛姆伯根和索菲亚·玛丽亚昆特有四个儿子和两个女儿。布洛姆伯根是家中的第二个孩子，于19加年3月11日生于荷兰的多德雷赫特。父亲是位化学工程师，在一个化学肥料公司做经理。母亲有一个教授法语的高等学位，但她总是忙着做大量的家务事和照顾小孩子们，她把所有精力都用在了这一大家人的身上。

上学之前，布洛姆伯根家搬到了比尔特霍芬，它是乌得勒支的郊区城市。布洛姆伯根和兄弟姐妹们是在新教徒的道德伦理下长大，这种教育方式鼓励智力探索，但相对于他们家的收入而言，生活却比较俭朴清贫一些。

12岁的时候，进入了乌得勒支的市立中学。这所1474年作为拉丁而建立的学校，几乎所有的教师都具有博士学位，课程设置非常严格，并强调人文学科，以拉丁文、希腊文、法文、英文、荷兰文以及历史和数学为主。只是到了中学二年级的后半学期，布洛姆伯根对科学的偏爱才显现出来，那时老师们把基础物理和化学课讲得很生动。他选择物理是因为这门功课更难、更具有挑战性，可他愿意接受挑战。布洛姆伯根的祖父是数学物理博士，在一所中学任校长。也许遗传因素的缘故，因此他对数学与物理之间的联系最为入迷。

布洛姆伯根全家都喜欢智力活动和学习，他们鼓励和教育他们多读书。为此，父母给他的兄弟姐妹定下一条规定，他们必须把布洛姆伯根从读书中拉出去玩一段时间。这段放松时间可以做一些运动：在荷兰的运河上划独木舟、划船、航海、游泳、溜冰，也可以在田野上玩激烈的曲棍球。直到后来布洛姆伯根也经常打羽毛球、徒步旅行和滑雪，以保持身体健康。

从布洛姆伯根成长的经历中可以看出：孩子在受教育阶段自己要定一个目标，并且要坚持最大的努力去实现它。即使不能赢得诺贝尔奖，但科学中的乐趣是无穷的，它会使人享用一生。

9. 孩子学习能力提高的方法

西方教育学家拉西曼曾说："不唤起学生学习的欲望而企图教授学生的教师，等于在打冷的铁。"将孩子送到学校后，并不意味着老师要负全部的责任，家长必须随时关心孩子的发展状况。开家长会时，最好能抽空参加，和老师做双向沟通，了解孩子的社交、智力、体能及学习状况。

希望孩子的学习能力高，做父母的也必须对求知、学习有较高的兴趣，以给孩子留下深刻的印象，在耳濡目染中让孩子学会模仿效法。不爱读书的父母是很难培育出爱读书的小孩。倘若全家人都养成在固定时间读书、做功课的习惯，自然也会培养出孩子读书的兴趣，以及他们自动自发学习的精神。

（1）父母用催促的态度，会让孩子产生反感。此时他们不喜欢父母干涉他们的生活，凡事喜欢按照自己的计划进行。

（2）孩子白天在学校的时间较长，大脑已经疲劳。孩子回家后，不要立刻逼他们做功课，让他们先玩一会儿，这样可恢复体力，从而提高学习效率。

（3）家长不仅可以帮助孩子做计划，让他们养成独立学习的好习惯，还可以帮他们制定时间表，告诉孩子必须踏实地去实践，进而培养和建立他们的责任感。

（4）了解孩子的个性。孩子有他们自己的一套学习方法，必须适度地尊重他们。偶尔不妨让他们在失败中积累经验，锻炼他们对挫折的耐受力。

（5）为孩子买参考书、请家教补习，不见得就能提高孩子的成绩。相反，只有建立孩子的成就感及其正确的学习动机，才能让他们产生学习欲望，发挥本身所具有的巨大潜能。

（6）除了学校的功课，父母还可以从旁观察孩子的喜好，培养他们对事物的兴趣，使孩子的生活变得更加丰富多彩。这样，不但可以培养孩子的良好个性，还有助于增强他们的读书意愿。

（7）父母在忙碌的工作之余，对孩子有限的学习时间更要善加把握。孩子的作业，父母绝不可代做。孩子很容易在同样的地方出错，所以在他们做功课时，家长可从旁指导，告诉他们正确的方法，但态度必须亲切、耐心，切不可急躁、不耐烦。

（8）未满学龄提前入学的孩子，常因学习心理准备不够，用压迫、强制的方式只会降低他们的学习能力。家长不应一味要求孩子拿高分，最重要的是让孩子有自主的学习方式。老师及家长必须让孩子具有良好的学习动机，并设法使他们保持下去，才有利于今后的学习。

（9）父母要让孩子养成有规律的生活习惯。按时作息，准时上学，按时完成家庭作业，有充分的睡眠、运动、营养，纠正他们的不良习惯。良好的健康状况才能保障拥有较高的学习能力。

（10）多培养孩子生活方面的经验，会增加他们的学习意念。孩子对世界知道得愈多，就愈想多知道一些相关的知识。知识并不是全都来自书本，在家庭中，讲故事、猜谜语、讲笑话、闲聊，都可增加孩子的自信和语言能力，同时也是培养感情、亲子沟通的良好渠道。

天下没有不爱自己子女的父母，但是爱要适时、适量。"家庭权威"只能使孩子造成被动的学习行为，而非内心自动自发的自愿行为。研究证明，父母对孩子的关怀，有利于孩子的学习动机、态度的形成。真正爱的教育，是关爱而不是放任自流，它能使孩子有良好的学习行为表现。

心理学家多湖辉说，每当我成绩不好，母亲就告诉我："你的实力不只如此，还有很多未发挥的潜能，加油吧！"通过母亲的鼓励，他竟成为全班第一名。

发明大王爱迪生和得过诺贝尔文学奖的前英国首相丘吉尔，幼年时在学校均被视为低能儿、白痴，后来是由母亲或家人带回家教育，善加引导，发挥自身潜能，才终有所成。美国创意思考中心主任李察·博尔也说："孩子缺乏思考力，父母应负七成的责任。"父母对子女的教育背负重责大任，同时也别小看自己的力量。

那么，父母应该怎样启发和鼓励孩子读书学习呢？

1. 别说"要用功"

使孩子自动用功读书的方法：

深信自己孩子能干，是培养能干孩子的第一步。坚信自己的孩子是最优秀的，他们会慢慢地成为最优秀的。

有时完全不催孩子读书也是治疗不用功的方法，这是逆疗法或暗示法。同时，还可以用刺激的方法，以一种挑战的口气去引发孩子的干劲。"去玩吧！"使用反面语，使他们不安，有助于孩子踏下心来读书。

替孩子整理书桌，培养他们读书的念头和一种新鲜感。

让孩子自己制订功课表。

在孩子学习情绪低落时，暂时让他们学习拿手的科目。

需要提醒家长们注意的是，父母对学校或老师的不满，会影响孩子学习的情绪。

家长的示范作用。在一个父母都有阅读习惯的家庭里，孩子多会喜欢读书的。

2. 责备的策略

使孩子倾听父母训诲的方法：

通过他人之口，可以消除孩子的抗拒感。如"你父母可能正为你的事担心呢。"凭着信、日记等将信息传达给孩子。

面对争论时要用比平时低的语调。

用自己失败的经验切入正题，易于孩子接受。

当孩子面对诱惑时佯装不知，淡化孩子的欲望。

用商量的口气让孩子觉得是自己在做决定。

当孩子失败时，不要提醒，只要他们重做一次，或许更好。

孩子日常语言或生活行为小节问题需当场纠正，大问题则需隔一段时间再提醒。

使用比较级的鼓励语言。如先表扬再指出问题"你如果把这部分这么改一下的话，相信会更好。"

3. 引发孩子的干劲

先苦后甜法。如先攻不喜欢的功课，后做喜欢的功课。

"隔壁孩子也……"使他们知道小孩子都是如此。

让孩子在房间贴自己喜欢的图片。

不可使用"你反正不行，还是……"这样的语言暗示孩子放弃。

让孩子明确"报酬或目的"的具体好处。如"抓紧学习这节书，腾出周日来，全家出游。"

对孩子取得的成果，都要适当赞美，发挥最高演技，表示由衷喜悦之情。

4. 让孩子自发用功

让孩子自发用功的方法：

读书进展表以具体时间为单位如：8：10 - 9：55，通过严格的时间划分，使之了解时间的重要，集中精力。

大声读课文内容，抄写内容。

只有一次，限制效果。

鼓励考前猜题，了解所学重点。

第六章　培养孩子的观察力

1. 观察是获得认知的基础

观察是孩子认知世界的主要手段，它在人一生的一切实践活动中都具有非常重要的作用。观察力是活动的源泉，人通过观察获得大量的感性材料，获得有关事物的鲜明而具体的印象，经思维活动的加工、提炼，上升到理论认识，从而促进思考力的发展。科学家达尔文曾对自己的工作做过这样的评价："我没有突出的理解力，也没有过人的机智，只是在觉察那些稍纵即逝的事物并对其进行精细观察的能力上，我可能在众人之上。"俄国生理学家巴甫洛夫在他的实验建筑物上刻着："观察、观察、再观察。"

观察是一种有计划、有目的、较持久的认知活动。科学研究、生产劳动、艺术创造、教育实践都需要对所面临的对象进行系统、周密、精确、审慎的观察，从而探寻出事物发展变化的规律。

翻开名人的传记，不难发现，成功人物大都具有良好的观察力。

意大利科学家伽利略就是从观察教堂里的铜吊灯的摇曳开始，经过实验研究，发现了摆的定时定律。生物学家、进化论的创始人达尔文从小热衷于观察动植物，坚持20年记观察日记，写出《物种起源》。英国物理学家牛顿从孩提时代就喜欢对各种事物进行仔细观察，而且力图透过现象看本质，把不懂的地方彻底弄明白。狂风刮起时，人们都躲进屋里，牛顿却顶着沙石冲出门外，一会儿顺风前进，一会儿逆风行走，实地观察顺风与逆风的速度差。英国发明家瓦特正是从对烧开的水顶动壶盖的观察中琢磨出蒸汽机的基本原理，由此带来一场深刻的资本主义工业革命。我国明代名医李时珍幼年时就爱观察各种花卉、药草的生长过程，细致地察看它们如何抽条、长叶、开花，花草的每一处细微变化都逃不过他的眼睛。正由于观察细致的严谨作风，使他得以纠正古代药草书中的很多错误，而写出流芳百世的《本草纲目》……

多听、多看、锻炼感官、积累感性知识，是观察力得以发展的前提。观察的过程也恰恰是以感知为基础的，但并不是任何感知都可称为观察。真正有效的观察过程既包含感知的因素，也包含思考的成分。如果在观察过程中不注意锻炼思考能力，那么观察也只是笼统、模糊和杂乱的，既不可能抓住事物的主要特征，更不可能作为科学的判断。

让孩子靠自己的感官有目的、有计划、主动地去感知，并且只有将感知与思考相结合，才是真正的观察。而这种观察现象、抓住本质的能力，才是真正的良好的观察力。

正因为在观察中思考、思考与观察相结合，达尔文、牛顿等科学家们才真正抓住了那些别人眼中"稍纵即逝的事物"，做出了重大贡献。

2. 观察力是思考的起点

日常生活中，人们常用"聪明不聪明"来概括一个人的思考力，而"聪明"顾名思义是耳聪目明之意。由此看来，聪明首先应当包括以感知为基础的观察力。

观察力是人的思考力结构的重要基础，是思考的起点，是聪明大脑的"眼睛"。所以有人说，思考是核心，观察是入门。

众所周知，一个正常的人从外界接触到的信息，有80%以上都是通过视觉和听觉的通道传入大脑，通过观察获得的。没有观察，思考就好像树木生长没了土壤、江河湖海没有了水的源头一样，失去了根本。

观察力的发展离不开思考的进步，而思考是智力的核心。人们认识事物是由观察开始，继而开始注意、记忆和思考。因而观察是认识的出发点，同时又借助于思考来发展优良的观察力。如果一个人的观察力低，那么他的记忆对象往往模糊而不确切、不突出，回忆过去感知过的事物时就常常模棱两可，记忆效果差。于是，在运用已有知识和经验进行分析和判断时，就不能做到快速而准确，显得理不直、气不壮，综合分析和判断能力差，思考力发展受影响；接下来，在以后的观察中有效性、目的性、条理性差，会导致观察效果不好，进一步影响思维的发展。

从生理和心理的角度来看，一个人如果生活在单调枯燥、缺乏刺激的环境中，观察机会少，就会使脑细胞比较多地处于抑制状态，大脑皮层发育较缓慢，思考力显得相对落后。相反，如果一个人经常生活在丰富多彩、充满刺激的环境中，坚持经常到户外、野外去观察各种事物和现象，大脑皮层接受丰富刺激，

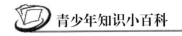

经常处于兴奋活动状态，他大脑的发育就相对较好，思考力也较发达。

孩子的身心发展除了一定的遗传作用外，更多地受环境和教育的影响。因此，要想让孩子拥有一个智慧的头脑，就应该勇敢地拓宽视野，敢于观察，善于观察，为孩子的智力发展开启一扇明亮的"窗户"，为孩子的大脑赋予一双"聪明的眼睛"！

3. 观察事物要讲求重点

观察事物要进行重点观察，以便对被观察事物有更深入的了解。观察时，要善于抓重点，才能比较迅速而准确地抓住事物的主要特征，并比较事物间的差异和联系，对观察对象的记忆力、判断力等才会逐渐增强。

观察事物时，家长可以让孩子认准观察对象的主要现象和特点。这是针对一些人在观察时通常分不清观察中的主要现象和次要现象，或者总是注意那些有趣的、奇特的、自己喜欢看的现象而忽视主要内容而言的。

比如，让孩子观察一只乌龟，如果问："乌龟的主要特征是什么？"可能不少人会说乌龟有两只小眼睛、短尾巴、四只脚和身子藏于甲壳之下。其实不对，乌龟背壳、四只脚、两只小眼和短尾巴等，这些都是其他许多爬行类动物的共同特征，而非乌龟所特有，因此乌龟背壳的硬度、形状、花纹才是观察的重点。

再如，让孩子观察一只公鸡，观察重点是什么呢？应该重点观察鸡冠和羽毛颜色、大小，因为这是与母鸡相区别的特征。观察鸭子，重点自然应放在脚蹼和羽毛的不湿水上，因为这是鸭子区别于鸡的重要特征。

孩子在对同类事物进行观察时，家长要注意让他抓住其个体特征。例如，同样是军官，同样是被逼上梁山，而林冲和杨志却是截然不同的两种心态和两种性格，这就是他们的个体差异。

在实际观察中，我们面对更多的是一个个体，这样一个个体除了具有同类事物的类别特征外，更重要的是具有其它个体特征。因而，要使观察进一步深入、细致，具体事物具体分析，必然应抓住事物的个体差异。

欧洲大文豪福楼拜在向契诃夫介绍自己的写作经验时，曾要求契诃夫走过每一个大门时，观察每一个守门人，并把他们记录下来。福楼拜说："我要你写每一个守门人，不是让你找出这个守门人和其他所有守门的人的不同点，他的面貌、他的眼神、他的动作都是他所独有的。我让你记录每一个守门人，要让别人能从所有守门人中一下子找出他来。"

4. 掌握观察的技巧

1. 全面观察

世界上的事物是复杂的，如果不全面地看问题，就做不好事情，就会犯主观随意性和片面性的错误。所谓片面性，就是只见局部不见全体，只见树木不见森林。因此，片面性常常使人碰钉子、遭失败。

世界上的事物是不断变化的。想要全面性，就必须用联系的、发展的、运动的观点来观察。一个能全面观察的人往往能站得高望得远，具有驾驭全局和夺取最后胜利的能力。我国古代著名的孙膑教田忌赛马的故事，就很好地说明了这一点。

艺术家在画静物写生时，为了画好整体轮廓或处理好整体明暗调子，常常眯起一双眼睛作画，这就是整体观察，或者说是全面地看问题。

2. 重点观察

正因为世界上的事物是复杂的，所以父母教孩子看问题不但要是全面的，而且要学会抓重点。

抓重点就是抓关键，用哲学语言说就是抓主要矛盾。《矛盾论》告诉我们："研究任何过程，如果是存在着两个以上矛盾的复杂过程的话，就要用全力找出它的主要矛盾。捉住了这个主要矛盾，一切问题就迎刃而解。"但是，重点与非重点往往是混杂交织在一起的，你不容易一下子看出来，所以就有个"用全力找"的问题。虽然"找"要花一点时间，但是"磨刀不误砍柴工"，只要"找"到了重点，就可以做到"提纲挈领"、"纲举目张"，比起"胡子眉毛一把抓"来，就不知要高明多少倍。

让我们看看下面这道智力题，也许能从中得到启发：

星期天，小红全家去郊游。弟弟第一个出发，弟弟走后 20 分钟妈妈出发，妈妈走后 20 分钟爸爸出发，爸爸走后加分钟小红出发。有趣的是，小红出发时带上了家里的一只小花狗。小花狗真可爱，一直在小红、爸爸、妈妈和弟弟之间跑来跑去，直到小红追上弟弟时才停止。

现在知道，弟弟、妈妈、爸爸和小红的步行速度分别为每小时 5 里、6 里、7 里和 10 里，小花狗跑来跑去的速度是每小时 30 里。请想一想，从小红出发，到小红追上弟弟的这段时间，小花狗一共跑了多少里路？

又是弟弟、又是妈妈、又是爸爸、又是小红，而且四个人的速度各不相同，偏偏这只小花狗又在四人之间不停地跑来跑去。看来，要计算出小花狗跑来跑去的总路程似乎有些难度。其实不然，如果能抓住解题的重点，就等于在一团乱麻中找到了头绪，理顺这些关系就容易了。那么，重点是什么呢？重点是小花狗跑的时间。

小花狗跑的时间就是小红追上弟弟的时间：

弟弟比小红早出发1小时（20分钟×3）。小红出发时，弟弟已走了5里路了。小红每小时比弟弟多走5里（10－5）。因此，小红追上弟弟正好是1小时。

所以小花狗跑来跑去的总路程是：$30 \times 1 = 30$（里）

抓住了重点，问题就"迎刃而解"了。

3. 深入观察

深入，就是要透过现象看本质。不仅要认识事物的外部特征，而且要发现和认识事物内部有规律性的东西。为什么要发现和认识规律性的东西呢？因为发现了规律，认识事物就会更深刻，利用了规律，做起事来就得心应手、效率倍增。一句话，使你的孩子变得更聪明。

有个"庖丁解牛"的故事，说的就是人们发现和利用规律的事情：一个宰牛的厨师，他平时很注意研究牛的内部骨骼构造及其相互联系，所以他分割起牛肉来十分顺当，那牛刀总是在骨头缝里灵活地移动。牛刀不但没有碰砍过骨头，而且还感到骨头缝隙宽着哩（这故事后来演变成了"游刃有余"的成语）！

不妨设想一下，如果是由一个不懂牛骨骼构造规律的人来宰牛，恐怕砍坏几把牛刀也难成功呢。由此可见，掌握了规律和没有掌握规律，做起事来效果大不一样。

4. 逆向观察

逆向观察就是从相反的方向去观察，一般情况下，孩子总是习惯于从正面看问题、想问题。

这种习惯思维所形成的思维定势，往往妨碍或束缚着孩子观察能力的提高与发挥。

为什么有的孩子聪明超群，在大家都想不出解决问题的好办法时，他却能别出心裁，一鸣惊人？

其中一个重要的因素，就是这个孩子有逆向思考的能力。很早的时候，人们想在一座城市的近郊建一个动物园。于是就准备动员一些人去附近的山林中捕捉些老虎之类的动物，以便关在铁笼子里供游人观赏。可是山林那么大，捕动物，特别是捕老虎之类的动物谈何容易。他们召开了一个会议，专门研究如何捕动物的问题。有的说要这样捕，有的说要那样捕。正当大家议论纷纷的时候，有一位专家发言了，他说，有一个不费一兵一卒即可将所有动物捕到手供游人观看的办法。

将所有动物捕到手而又不费一兵一卒，这怎么可能？

专家说，只要大家反过来想就行了。以前人们总是把动物捉起来关进笼子里让人看，现在我们把自己关在笼子里去看笼子外的动物不也一样安全吗？把人关进铁笼子里，这真是个大胆的设想！

后来，人们根据这一设想，设计了一个活动的"铁笼子"——有栅栏的特制的汽车。人们坐在活动的"铁笼子"里，可以四处游览，观赏那些自由自在嬉戏于自然环境中的动物。于是，世界上就有了第一座不把动物关起来的天然动物园。

5. 做大自然的观察者：福井谦一

日本京都大学教授福井谦一，以他创立的"前线分子轨道理论"为基础，在化学反应理论领域里进行了30多年的科学研究并以此业绩与美国一位科学家一起分享了1981年度诺贝尔化学奖。

福井谦一的父母对孩子们的学习采取了一种宽松、不干涉的态度，但只要是对学习有好处的事，便会默默地去做，并做得恰到好处。他们为孩子们购买大量文学和科普类少儿读物，但从不强迫孩子读书，不使读书成为一种任务和负担，而是让孩子凭着自己的爱好和兴趣去自觉地读书，使读书成为一种乐趣和享受。在福井谦一的记忆中，父母从未对子女们说过"要好好学习"之类的话，也几乎没有问过"学校教了些什么？"、"成绩怎么样？"。他倒是清晰地记得经常在考试的前一天晚上，父亲特意拉着正在紧张复习的谦一下一盘围棋。福井谦一很喜欢下围棋，考试前夜的一盘棋不仅使他紧张的神经得到了调节，而且体会到了父亲无言的关怀。父亲从不在琐碎小事上对孩子们指手画脚，但他那心平气和的神态和目光，却对孩子们有着无声的威慑力和说服力。

福井谦一的父母认为：亲近大自然是人类的第一特权，所以他们鼓励孩子们去郊外游玩。父亲还经常在工作之余带着孩子们去郊外钓鱼，并给他们讲述鱼类和钓鱼的知识。福井谦一上中学后，一家人每年夏天都会在海边租房子度假，在那里钓鱼和游泳。

在中学四年级时，小谦一和弟弟以集中复习、准备考试的冠冕堂皇理由，向父亲的朋友借了一座海滨的房子住了进去。但小哥俩怎么也抵挡不住大海的诱惑，天天泛舟于海上，或是钓鱼，或是游泳，功课几乎没碰过。回家后，父亲只是瞥了一眼小哥俩晒得黝黑的脸庞和胳膊，什么也没说。福井谦一对父母的这种做法非常推崇，当他有了自己的子女后，也采取了同样的教育方式。

6. 观察探索大自然的奥秘福井谦一的少年时代

1918 年 10 月 4 日，福井谦一出生在日本奈良县一个叫押熊的小村庄中。那是他的外祖母家。押熊虽然地广人稀，交通也比较闭塞，但却有一派绮丽的自然风光。父亲福井亮吉不喜欢住在这个闭塞、落后的小山村里，于是在福井谦一出生后不久，他就带着全家人搬到大阪府的岸里。

那时的岸里群山环绕，小溪清澈见底，风景秀丽迷人。少年时代的福井谦一把整个身心都沉浸在大自然里。小谦一七八岁的时候，经常蹲在草地上，盯着叫不出名字的杂草出神，有时连吃饭都忘记了。他时常把杂草连根拔起，仔细观看那嫩嫩的叶子，有时还会不自觉地将草叶放进嘴里。一次，他发现了一种长着圆形叶片、生满红紫色腺毛、能分泌黏液、会捕食昆虫的植物——毛毡苔。这一发现，使小谦一高兴了好几天，他将这种植物做成标本，时常拿出来和伙伴们一起欣赏，十分自豪。

春天到了，小谦一和伙伴们在春风里追逐着小蝴蝶和不知名的小昆虫，情不自禁地跑到附近的小山坡上，漫山遍野的野花、异草让他兴奋不已。秋天到了，满山的红叶更是让他感到大自然的魅力，当阳光照耀在红叶上时，连天空也被染成火红一片。这时父亲总是鼓励孩子们纵情地奔跑和跳跃，允许他们大声吼叫，当然，更多的还是训练他们对自然现象的观察。大自然给了小谦一许多书本上学不到的知识，使他亲身感受到大自然的微妙，从中享受到无穷的情趣，并使他产生了探索大自然无穷奥秘的遐想。每年的暑假、寒假，小谦一总是迫不及待地从大阪坐上老式电力机车，"叮当"、"叮当"地来到奈良押熊的外婆家。在这自由的天地里，小谦一常常与外公和弟弟一起比赛，看谁采的野菜、蘑菇最多。山下的小池塘，星星点点，分布开来，池水清澈荡漾，是小谦一和弟弟们忘情追逐小鲫鱼的最佳去处。每天早上，小谦一做完作业后，扛起现在已不多见的原始钓鱼杆，嘴里塞满尚未成熟的杨梅果，鼓着腮帮去钓鱼，真是其乐无穷。

一个风和日丽的早晨，小谦一和弟弟、外公一起去郊游，当走进茂密的树林时，小谦一不见了。外公以为他迷了路，焦急地喊着他。原来他一个人正沿着林间的小径穿行。当他看到阳光透过树林，照在地上，形成美丽的图案时，便出神地观察起来。有时摘下树叶，细心察看着上面细密的脉纹；到了湖边，他就蹲下身来，动也不动地望着湖面上起伏的微波；有时还坐在地上，凝视着那成队爬行的蚂蚁。这样的远足与郊游，常常让小谦一忘掉时间，忘掉一切。

福井谦一从小就有从大自然中收集珍品的癖好。在刚刚懂事的时候，他喜欢把家中院子里的各种杂草和树叶归拢起来，排成一排，自我欣赏。这在别人看来似乎有些傻里傻气。上学后，他的收集对象提高了等级，收集品由植物变为矿物，不久又升级到昆虫。福井谦一对昆虫的爱好及收集一直保持到成年后。以至在一次出国途中，他忘情地追捕一只美丽的蝴蝶，而误了飞机。福井谦一在小学时期的学习成绩并不突出，虽然他学习也很认真，因为他更感兴趣的是课外采集的事。一次，福井谦一在一片荒地里发现一块沼铁矿石，它呈树枝状，里面是空的。当他知道这是沉到湖底木头上的铁时，更是格外兴奋，这是一种珍贵的矿物。为什么呢？因为这块矿石是在丘陵地带采到的，它的出现证明了远古时期这一带曾是湖底。多么令人激动而难忘的发现啊！成名后的福井谦一在追忆这段往事时，曾满怀激情地感叹道："我生长在一个与自然科学无缘的普通人家，正是从大自然中积累起来的丰富的切身体会，才使我走上了研究科学的道路。大自然把我引向了化学王国，它是探索化学理论的一位不可缺少的良师。"

一天，父亲拿回来一本美国出版的《国家地理》杂志。福井谦一喜出望外，因为这是一本在世界上很有影响的科普杂志。杂志内容五花八门，活灵活现地描述了世界各国的地理地貌和风土人情，特别是它介绍的动物、植物更使福井谦一大开眼界，高新技术方面的信息也使他受益匪浅。书中精美的图片使他爱不释手，他被大自然和人类社会的发展变化所吸引。这本杂志对福井谦一产生了深刻的影响。他一上中学就立即参加了生物爱好会，同学们还把生物爱好会称之为"博物学会"，积极参加各种以采集生物标本和野外观察为目的的郊游活动。福井谦一是生物爱好会的忠实会员，每一次活动都不会放过。

引起福井谦一极大兴趣的另一本书，则是法国著名昆虫学家让·法布尔写的《昆虫记》。这是一本雅俗共赏读物。让·法布尔用引人入胜的文笔，详细描绘了小镇的自然风光，读起来令人亲切、神往，非常适合福井谦一的口味。它所散发的浓厚大自然气息把读者带入了一个奇妙的昆虫世界。福井谦

一反复阅读《昆虫记》，感叹不已。

《国家地理》和《昆虫记》对福井谦一的一生产生了重要的影响。正是这两本科普读物，把他热爱大自然的浓厚兴趣逐渐引升到了执著探求科学奥秘的高度。也正是由于投身和接触大自然以及和大自然的自由交往，使福井谦一从少年时代起，就感受到了通过亲身经历、实地观察去学习的可贵。这些使他在后来的科学创造活动中获益匪浅。

谈到自己的家庭教育，福井谦在致中国读者的信中说：

我生长在一个和科学没有什么缘分的普通家庭，正是在大自然中积累起来的丰富的切身体验，促使我后来选择了从事科学研究的道路。大自然不仅把我引向了化学王国，它也是我探求化学理论时的一位不可缺少的老师。我的理论获得了承认，并且荣幸地获得诺贝尔奖。每当提起此事，我就不能不感谢我的父母，是他们为我的少年时代创造了一个能与大自然自由交往的家庭环境。

7. 大自然是最好的老师

100年来，在荣获诺贝尔奖的475名科学家中，大多数人在青少年时代都有过与大自然亲密接触的经历，其中许多人就是在这一过程中产生了探索大自然奥秘的向往，并由此走上了科学研究的道路。

现象是事物给人的大脑的第一直观感觉，然后经过合理的推理与思考，得出的结论便是事物的本质。而现象作为人的第一感觉，那就需要观察。因此正确的观察事物的本质对得出正确理论起着至关重要的作用。

对于孩子来说，大自然是最好的教师，它能教给孩子无穷无尽的知识。可是社会上大多数孩子却未能好好利用它。斯特娜夫人也像卡尔·威特的父亲教育卡尔·威特那样教育卡拉杰姆。

美国教育家斯特娜夫人在她的《自然教育》方法中认为：父母可以以大自然为主题，向孩子讲述的自然界的有趣故事，以此类培养和提高孩子的感知能力。斯特娜夫人总是尽可能地带着女儿到郊外去，利用实物向孩子讲述各种有趣的故事，涉及到动物学、植物学、矿物学、物理学、化学、地质学、天文学等几乎所有的科学领域。她在书中记载：我们经常到郊外去，摘下一朵花，拔下一棵草进行剖析，砸碎一块岩石进行观察，窥视小鸟的窝，观察小虫的生活状况等。

许多母亲都为孩子的不良行为发愁。其实，孩子的不良行为是由于孩子不知精力往何处用而造成的，这是一种精力的浪费。因此，应该把他们带到大自然中去，他们就无暇干坏事了，而且接触大自然能使孩子的心地高尚。自古以来和大自然感情融洽的人都是心地善良宽厚的人。

同时，让孩子接触大自然，不仅可使他们的身体健壮，而且精神也会旺盛起来。城市的孩子因远离大自然，很少呼吸新鲜空气，因而心情不佳或性格乖张。因此，把城市的孩子经常带到郊外去接触大自然，这样就可以在一定程度上预防不良少年的产生。这个建议对于当今大都市孩子的教育也是有借鉴意义的。

伯班克博士曾主张在小学里开辟庭园，分派给每个孩子，让他们在这里栽培花草。让孩子搞园艺确实是一种很好的教育方法。斯特娜夫人就是让女儿从小就开始搞园艺，栽培花草和马铃薯等。孩子非常喜欢做这些事，每天给它们浇水、除草，观察它们的生长情况，感到非常高兴和有趣。

每年夏天，斯特娜夫人还要带女儿到山中过几天野营生活，让她在那里研究自然。并且经常带她去原野，在草丛中观察野花和小虫，寻找草中"小世界"的乐趣。森林对孩子来说是最好的教科书。

在大自然中、在树林中，父母还以教给孩子们许多大自然的有趣知识。在晴朗的天气中，孩子们还可以呼吸着新鲜空气，这对于他们身心健康会带来很大益处。

8. 孩子是天生的科学家：波特

1967年诺贝尔化学奖得主、英国化学家波特小时候好奇心极强，对各种现象都喜欢问个为什么，总有数不清的问题，而且喜欢动手动脑，做那些同龄孩子所做不到、富有挑战性的事情。在他还没上学的时候，就自己动手制作了简单的焰火。

波特的父亲是个建筑商，受教育程度不高，经常被波特问得张口结舌。但父亲从没有不耐烦，他细心地呵护儿子的这份好奇心。他不懂科学，就买来许多科普书籍，和孩子一起从书中寻找答案。那时，经常可以看到父子俩共同在灯下看书学习的情景。父亲还为儿子买来工具和材料，让波特进行科技小实验和制作。波特有时在家中的厨房里做科学小实验和小制作，把厨房弄得乱七八糟的，母亲对此很不高兴。父亲就特意在院子里搭建了一个小棚子，作为儿子的实验室和小车间。

波特曾说："我认为儿童是天生的科学家。"他还在另一个场合讲："5岁以前的孩子都是科学家"。这是因为好奇几乎是每一个人与生俱来的天性，儿童对周围的一切都充满了好奇心，喜欢刨根问底，并且极富想象力。而这正是一个科学家从事科学研究的动机和必备的素质。无独有偶，美国著名天文学家、科普作家卡尔·萨根也说过类似的话：每个人在他们幼年的时候都是科学家，因为每个孩子都和科学家一样，对自然界的奇观满怀好奇和敬畏。

遗憾的是，在许多孩子的成长过程中，往往由于不适当的家庭教育、学校教育和社会环境，扼杀了孩子的好奇心和想象力。在中国科协举办的《世纪辉煌——诺贝尔科学奖百年展》上，曾有一名年轻的母亲说：她发现她的孩子在上幼儿园前，总是好问这问那，有问不完的为什么。但自从上了幼儿园，问题就提得越来越少了；而上小学以后，就几乎不向父母提什么问题了。因为幼儿园和学校的老师不喜欢孩子主动提问题，有时还会对那些提出超出老师知识范围问题的孩子加以申斥。久而久之，孩子就不敢提问题了。当时，旁边的其他观众均表示了同样的感受。这恰恰说明了我国目前的教育经常是在扼杀孩子潜在的科学素质。

难能可贵的是，波特在成长的过程，父亲的精心呵护下使他从"天生的科学家"成长为一名真正的科学家。

9. 让孩子观察大自然、认知新世界

人类都在渴望或提倡"征服大自然"、"改造大自然"。可是，如果把这些理念灌输给年幼无知的孩子，这不仅仅是一个错误，甚至也是一种罪过。

为什么如此说呢？因为人是大自然之子，大自然是人之摇篮，对于孩子尤其是如此。如果没有大地生长五谷杂粮，没有天空提供阳光雨露，没有江河湖海赐予水源和鱼虾，没有大山草原奉献树木和牛羊，人类将怎样生存？

大自然好比伟大的母亲，以她博大的胸怀和充足的乳汁喂养着人类，人类怎可忘记母亲的厚爱？因此，古今中外的杰出人士有一个共同的特点，都怀念自己的家乡，而其中对那一片故土的亲情占有很重的分量。

与成年人相比，孩子更需要与大自然亲近，因为他们有认识世界的渴望，山川河流也会给他们不可缺少的滋养。因此，每当孩子们来到高山下或大海边，总会激动地奔跑欢呼，就像扑进久违了的母亲怀抱。

一个优秀的教师会体察孩子的需求与心愿，运用各种适当的方式，带领孩子们到大自然中去。也许，这是现代社会里最好的养生之法。

随着城市的加速发展与资源的减少，城市孩子失去了许多自由玩耍的天地。日本人称东京是"混凝土的密林"，而眼下有多少城市不是"混凝土的密

林"呢？美国有很多孩子是独生子女，没有伙伴，也没有大自然为伴，连狗也不许养，他们怎么度过孤独的童年呢？

也许，正是为了给城市孩子一点帮助，加利福尼亚有一个"少年孩子研究"组织推出了一项活动，即经常组织城市孩子去山区农村体验生活。譬如，学会把豆子磨成豆腐；学会摘柿子；学会从井里打水；学会喂养猪、羊、鸡、兔等等。由于是成群结队而来，他们还交了朋友，学会了共同生活。

实际上，这项活动就是一种教育模式，它为城市孩子拥抱大自然创造了便利条件。如果有了拥抱大自然的理念，任何一个优秀教师都有办法组织这种活动，而这将是广大城市孩子的真正福音。

第七章　培养孩子动手与思考能力

1. 要养成严谨的科学态度：戴维·休伯尔

既然是做科学试验，就必须要讲科学、要严谨，容不得半点侥幸和鲁莽，更不能想当然。

20世纪40年代初一个晴朗的星期天，戴维·休伯尔从家中的地下室走出来，手里拿着一个纸盒，里面装着不知名的粉末。他把纸盒放在草地上，又从兜里掏出一盒火柴，小心翼翼地划着了一根火柴，投到纸盒里。还没等他的手远离纸盒，只听得"轰"的一声巨响，纸盒里的粉末爆炸了。烟雾散去，只见被惊呆了的休伯尔坐在地上，手和脸都被熏黑了。当他缓过神来，首先看了看自己的手，还好，手没有受伤。这时，他的父母从屋子里跑出来，不知道发生了什么事情。惊魂未定的休伯尔知道自己闯了祸，结结巴巴地向父母解释所发生的一切。

原来，仅有十五六岁的休伯尔刚刚在家中的地下室用砂糖和其它化学药品造了一个"炸弹"。他想试验一下这个"炸弹"的威力，但为了不把地下室里的瓶瓶罐罐崩飞，特意来到了院子里进行试验。当初，休伯尔估计这个"炸弹"的威力应该不会有多大。然而，爆炸力远远超出了他的想象，结果发生了这惊心动魄的一幕。

父母还没来得及对孩子进行指责，只听得一阵刺耳的警笛声，一辆警车开到了门前，原来是被巨大的爆炸声惊动的邻居以为有坏人扔了炸弹，打电话报了警。休伯尔的父母急忙向警察和邻居又是解释又是道歉，费了半天的功夫，才算平息。

当警察和邻居走了以后，小休伯尔知道自己犯下了大错，心想：这次没得说，准备挨父母狠狠的批评。于是，他耷拉着头，不知会有什么样的惩罚在等着自己。虽然父母从小不打孩子，但他们或许再也不让自己做心爱的化学实验了。如果真是这样的话，那比挨一顿打还要糟糕。然而，令他没有想到的是，父母并没有处罚和责骂他，也没有因此禁止他做化学实验，只是告诉他：既然是做科学实验，就必须要讲科学、要严谨，容不得半点儿侥幸和鲁莽，更不能想当然。

1981年，正是靠这种严谨的科学态度和执着追求的精神，休伯尔取得了自己人生的最高荣誉：获得本年度的"诺贝尔生理学与医学奖"。

2. "手脑并用"创造奇迹：欧内斯特·卢瑟福

欧内斯特·卢瑟福是英国物理学家。他因开辟了新的科学领域——原子物理学，被人们尊为"近代原子核物理之父"，并于1908年获得诺贝尔化学奖。

卢瑟福于1871年8月30日出生于新西兰，他是苏格兰移民的后代。父亲先是一个农民，后来开了一个小工厂，最后经营了一家兴隆的亚麻厂。母亲是小学教师，会弹钢琴。他有12个兄弟姐妹，家大口阔，生活是非常艰难的。但是，父母勤劳、纯朴、正直的品格教育和影响着孩子们，使他和他的兄弟姐妹从小就懂得这么一个道理：要想生活得好一点，就得自己动手、动脑去创造，需要踏踏实实地做事。农忙时耕地、播种，收割、晒谷，闲时下河捕鱼、上山打猎，都是全家出动，每个家庭成员都要分担一些责任。卢瑟福通常去农场干一些杂务，像劈柴、挤牛奶及充当差使等活儿。全家人在劳动中互相帮助团结协作，很少发生争吵。卢瑟福在这种家庭中成长起来，养成了互相协作、尊重别人的良好品质。直至上大学读研究生以后，卢瑟福仍然保持着热爱劳动的本色，从不忘在假期回乡参加劳动，以尽可能减少父母和兄弟姐妹的负担。许多年以后，他仍认为这是他应尽的责任。

卢瑟福的父亲是一个聪明又肯动脑筋的人，勤奋又有创造性。在开办亚麻厂时，他使用几种不同的方法浸渍亚麻，利用水力驱动机器，选用本地的优良品种，结果他的产品被认为是新西兰最好的一类。他还设计过一些装置以提高工作效率。

在父亲潜移默化的熏陶下，卢瑟福也喜欢动手动脑。他对周围的一切都感兴趣，年龄愈大愈显现出非同寻常的创造天赋。童年时代卢瑟福曾发明了一种可以发射"远射程炮弹"的玩具大炮，还巧妙地设想出增加"炮击"距离的方法。稍大一些后，他修好了他们家一个用了几十年的坏钟，这是全家人都认为无法再修只能报废的钟。结果，钟不仅修好了，还走得很准，这真让全家人大吃一惊。为了满足自己照相的欲望，他靠自制的材料和买来的几块透镜，制造出了一架照相机。有了自制的照相机，卢瑟福自己冲洗、显影，成了一个十足的摄影迷。

卢瑟福这种自己动手制作、修理的本领，对他后来的科学生涯起了极大的作用。别人无法动手的实验，他总可以设法在自制仪器和进行实验方面弄得有声有色。

3. 勇于探索寻真知：理查德·菲利普·费曼

理查德·菲利普·费曼是美国著名的物理学家，因在量子电动力学方面的突出成就，1965 年荣获诺贝尔物理学奖。

1918 年 5 月 11 日，费曼出生于纽约近郊海边一个法罗卡威小镇上的一个犹太民族家庭里，他在殷实和睦的家庭里度过了愉快的童年和少年时代。

因为家在纽约市郊，父亲经常带着费曼到纽约玩耍或参加活动，家里还有许多藏书，少年时期的费曼因此能够接触到许多新的事物。他对任何事情都充满了强烈的好奇心，总是亲自探讨自然界的规律，有时竟然得出与课本不同的结论。十一二岁时他就在自己家里搞了一个"实验室"，在里面做马达、防盗警铃，或做一个能启动光电管的小玩意，还玩弄硒片和收音机、麦克风等等。

费曼有台显微镜，他总喜欢把东西放在显微镜下没完没了地仔细观看。他在显微镜下仔细观察了草履虫的运动情况，还仔细研究了水干了以后草履虫会怎么样。这样他看到了一些在中学，甚至在后来的大学课程里都没有讲到的东西。费曼由此得到一种感觉，书本中把这些动物的行为大大简化了，它们并不像书上说的那样是完全机械的，或者单向的。不少这样有趣的事给年幼的费曼留下了深刻的印象，不仅也满足了他的好奇心，也培养了他的科学态度。而这种好奇心及不迷信书本和权威的性格深深地影响了他的一生，也决定了他在科学研究中必定要取得惊人的成就。

在中学时，费曼就表现出非凡的数学才能。在一次数学课上，老师告诉费曼，不需要听他讲的课，可以看自己喜欢的书。从此以后，费曼就在课堂上自学数学课程，高中毕业时已经学习了微积分课程。这种自学能力及独立工作精神为以后的研究打下了坚实的基础。

上高中时，费曼看到从一个狭小的水龙头中流出的水，他就想是否可以描述出那条曲线。当然对于这种现象的解释及描述是相当容易的，无需去做它，因为对于科学的未来，它是无关紧要的，再者别人已经做过了。但费曼还是去做了，毕竟他发现了某些东西，他是在做自己喜欢做的事情。费曼认为，他获得诺贝尔奖也得益于小时候做那些不起眼的小玩意。费曼还自己编了一些问题和定理，研究出对付难题的公式，还创造了一套打字机上用的类似 FORTRAN 语言的符号，费曼还有解谜、修理收音机和打字机的才能。总之，对于一切难题，费曼都有去解决的决心，总是不解决不罢休，因为他有几乎无法克制的求解难题的欲望。这种性格在他后来的物理学的研究中愈发表现出独特的魅力。

4. 耳濡目染感受知识氛围：尼·玻尔

现代生活往往使孩子们更具依赖性。在电视机和电动游乐器具有一些教学益处的同时，电子媒介也普遍地操纵着孩子们的注意力。所有的机器都建有自己的程序，并且诱使人们紧随其外部形式上的引导，而忽略了内在的观念。

然而，将来有成就的人是那些能主导自己的注意力并提出自己的行动计划的智者。

当成人用设计好的活动方案来督促孩子时，我们的家庭计划也就进入了独立思考的轨道。现在许多孩子没有时间去玩玩具或做游戏，更不用说"玩"想法了。为了明天有所成就，家长应该让他们做好充分的准备去发展自己独到的见解，发挥学习的主动性和自觉性。

尼耳斯·亨利克·戴维·玻尔就是学习方面的佼佼者，十分爱好学习。1885 年 10 月 7 日，他出生于丹麦哥本哈根一个知识分子家庭。他的曾祖父彼·玻尔，获得哥本哈根大学神学硕士学位，当过公立中学校长，后又被授予教授头衔；祖父亨·玻尔，获哥本哈根大学神学硕士学位，某私立学校校长，后也被授予教授头衔；父亲克·玻尔，哲学博士，哥本哈根大学生理学教授。可以说，尼·玻尔出生在一个三代教授的世家。

尼·玻尔的父亲在生理学的研究中颇有建树。他不仅工作出色，而且兴趣广泛，爱好运动，痴迷足球，喜欢文学，尤其崇拜德国的伟大诗人歌德。他性格直率、开朗，擅长与人交往，关注妇女解放运动，主张男女平等，创办了几处以成年女学生参加大学考试为目的的补习班。非常巧的是他在班上认识了一位英国银行家的女儿，她就是美丽动人、温文尔雅的女学生爱伦·阿德勒。1881 年他们二人喜结良缘。婚后生有一个女儿，两个儿子。尼·玻尔的父亲经常给他们讲故事，背诵歌德的诗，朗读莎士比亚和狄更斯的作品。

尼·玻尔的父亲也是哥本哈根知识界的活跃人物。他经常邀请朋友们来家中聚会，讨论哲学及自然科学。常来的朋友有哲学教授赫弗丁、物理学教授克里斯蒂安森、语言学家汤姆孙。克·玻尔和 3 位客人都是丹麦科学文学院院士。他们讨论问题时，气氛非常活跃、热烈，语言风趣、幽默，经常逗得大家哈哈大笑。3 个孩子在旁边静听，尽管听不懂谈话的具体内容，但是他们对那种讨论问题的方式、活跃的气氛，都留下了深刻的印象，受到了潜移默化的影响。大家公认尼·玻尔是个有哲学家气质的物理学家，这与他小时候经常参加这种家庭形式的科学家聚会有关。哲学家的气质就像万物滋生的土壤，在这样的土壤上怎么能不长成物理学的参天大树？

尼·玻尔的父亲还经常带孩子们到大自然中去，让他们领略大自然的美。父亲认为，生命本身是美的，不论它是绿的树，还是红的花，都具有独自的美感。孩子们懂得了大自然的美丽多彩、奇妙无穷。尼·玻尔对大自然的好奇心一直伴随他的一生。这种好奇心使他在以后的科学生涯中对什么都要问个为什么，都要探个究竟，始终保持着探索的习惯。

尼·玻尔不仅喜欢思考，而且动手能力也很强，从小喜欢拆拆装装，在拆装中学到了许多知识。有一次，他家自行车的链子坏了，本来也不是个大毛病，不难修理。但尼·玻尔却建议将车拆开，彻底地修一下。大人们都反对，认为只是车链子坏了，有必要把整个车都拆开吗？只有他的父亲明白，尼·玻尔是想借着这个机会，看看车的内部结构和各个部件的组合奥妙。父亲微笑着说服了众人，看着他把车拆开。但是拆开容易安装难，零件堆了一地，尼·玻尔却怎么也装不起来了。家人着急，尼·玻尔更着急。但他的父亲却很沉着，坚信儿子能装上。他鼓励儿子：别着急，先用脑子想好了，再动手。尼·玻尔终于弄明白了各个零件之间的关系，经过努力不仅把车组装好了，而且骑起来非常灵活，几乎像新车一样。对于儿子的成功，父亲高兴极了，紧紧地拥抱了他。父亲一直十分小心地保护着尼·玻尔的这份好奇心，使之免受挫伤。因为他知道，孩子的好奇心对一个从事科学探索的人是何等重要。尼·玻尔的母亲是一个温柔、善良的人，对孩子、对家人充满了爱，而且对其他人也是一样。

尼·玻尔的小姨汉娜·阿德勒，她是哥本哈根大学物理学硕士，又到美国考察过教育，回国后在哥本哈根创办了全国第二所男女生兼收的学校。学校适应了社会发展的方向，办得相当成功。汉·阿德勒终生未嫁，把自己所有的爱都奉献给了学生，奉献给了尼·玻尔的一家。星期日她常常带着尼·玻尔和他的姐姐、弟弟参观博物馆，或骑车到郊外旅行。尼·玻尔的父母及长辈以培养孩子的爱心、好奇心和正确的思维方式为主，并不十分看重他们的考试成绩，所以，孩子们没有太多的学习上的压力。这使尼·玻尔在成长中没有什么拘束，他的聪明才智得到了充分的发挥。尼·玻尔生活在这样一个友爱、宽松、和谐，有着丰厚的知识积淀和探索精神的家庭里，真是太幸福了。

尼·玻尔童年时在这种家庭氛围中养成的好奇、求知、勇于探索的精神，对他一生的学习、研究十分有用。促使他日后的研究成果具有科学客观的品格，经得起历史的检验。

第八章 启发孩子的创造力和想象力

1. 重视启发性教育

聪慧的少年是启发教育的结果，如果孩子的学习热情一开始就得到顺利发展，大多数孩子将成为天才，这就是教育的必要性。孩子生下来的潜能，只有得到发挥才会提高，若得不到发挥就会枯死。要使孩子们的天赋得到很好的发挥，必须从小使用它，用得太晚，就得不到很好的发挥了。

在孩子的成长中，启发引导的重要，犹如交给了孩子打开创新之门的金钥匙。

对于孩子，尤其是今天大部分家庭的独生子女，切忌过分溺爱，对孩子的有求必应不是爱孩子，而是害孩子。父母们应当让孩子们学习做力所能及的家务，培养他们养成良好的生活习惯，教他们热爱劳动。如若必要的话，也可用"按劳取酬"的方式刺激他们，让他们用自己的劳动赚零花钱。借此让他们懂得劳动的价值，并慢慢学会计划着花钱，这也有利于他们养成节俭的好习惯。我们今天教育孩子热爱劳动，是要孩子们知道一份耕耘一份收获，没有付出就没有回报。

除了父母教育，在学校老师的教育也是至关重要的。好的老师应该具有成功的启发技巧。不仅要向孩子多提问题，还要将其限度放到最大，使孩子可以灵活运用自己的脑子，发现事物的种种不同和奥妙。

就小学教育而言，对新入学的一年级学生，不开展"育"的教育，只进行"教"的教育，然后反复考试所教的内容，把考试成绩作为评价学生好坏的标准，说什么某某孩子成绩优秀，某某孩子成绩中等，某某孩子的头脑天生的笨，这是十分有害的。

在这方面，美国哈佛的约翰逊·汤姆先生曾以自己 30 年来的亲身体验和教育实验从某种程度上解决了这一问题。在他看来，大家都热衷于教，却忘记了对孩子能力的培养，不去深入探讨怎样使孩子不断提高能力的问题。换句话说，在教育方面只注意"教"，而忘记了"育"的目的。

其实，真正意义的考试并不是为了给孩子排成绩顺序，而是为了调查，通过调查发现孩子们有哪些内容不明白，有哪些问题不能解答，不会的孩子到底有多少。在约翰逊·汤姆先生看来，孩子的成绩表也是教师的成绩表，不过，在当今的学校，都把它视为"孩子的成绩表"。

家长把孩子送进小学不是为了通过考试成绩来评价孩子的天生状况，但是实际上学校的工作往往是通过反复考试来评价孩子的，所以诱使人们只注意成绩顺序，这样做是不对的。

真正的教育应该是在义务教育期间，使每个孩子至少要掌握一种扎扎实实的能力，特别是创新的能力。

为此，约翰逊·汤姆先生希望以培养孩子的能力作为基本出发点，千方百计促进由只"教"向"培养能力"的方向转变。不仅要学会知道，而且应该学会行动。

如何启发孩子，这是一件很复杂的工作。因此，经验的累积与专业性的训练，都是不可缺乏的。但假如您是一个新手，无法掌握其中的诀窍，心里就要摆着一个谱："以孩子为中心，让他去动头脑。"

启发孩子还应该具备爱心和耐心。虽然孩子在本能上与生俱来的"内在的动机"会驱使他们自动地去接触环境、喜爱环境，以及喜欢各形各色的教具。但如果没有老师用她们的"爱"去关注和启发，孩子的学习兴趣便难以持久，他的创造力照样也可能枯萎。

20世纪初美国的教育家卡罗斯特的教育思想也值得我们借鉴。他所创立的卡罗斯特教育法是以孩子为中心，迥异于传统幼儿教育的以老师为中心的一种教育体系。卡罗斯特教学法的老师与传统教师最大的差别，在于卡罗斯特教学法的老师所扮演的角色不是在"教"学生，而是教具、孩子及学习意愿的协调者，不再是一个站在黑板前面大声呼叫、发号施令的权威角色了。她必须依孩子的需要而准备环境，并且观察孩子的需要和意愿，而提出适当的教具让孩子"工作"。她不会以"灌输知识给孩子"为教育目的，而是居于"帮助孩子生命成长"为目标，设计、指导孩子自己学习。以启发和诱导为手段，让孩子乐于自由、自动地去动脑筋，使智力不断地得到开发，使体能不断地增强。所以，卡罗斯特的"老师"在"实验孩子之家"被称之为"导师"。在卡罗斯特学校，主要的教育原则和教育方式是自由活动、自我教育。她认为，新教育改变了传统的教育模式，由原来的孩子被动和教师主动，变为孩子主动和教师更多地被动，或者说把教师中心变为孩子中心。卡罗斯特根据上述教育观对教师提出了两项要求，即具备观察的素质，了解孩子的

特点和善于指导孩子。

要具备观察的素质，以了解孩子的特点。卡罗斯特观察是一种科学方法，是了解孩子的发展之路。教师只有努力使自己成为一位合格的观察者，才能耐心地引导，不干涉孩子，尊重孩子的各种活动，使孩子自动地显示其需求。如此，教师才能真正地了解孩子的精神，并揭示其生命的法则和内在的秘密，而给予适时与适量的帮助。

卡罗斯特认为：善于观察应是教师必须具备的素质，"观察时等待"是教育者的座右铭。有时甚至说：观察是幼儿教育工作者必须学习和研究的唯一的一种方法。

善于指导或引导孩子。卡罗斯特认为，观察及了解孩子虽然重要，但不是教育的最终目的。

教育工作者的首要任务是：刺激生命——使孩子自由发展培养其创新能力。这就要求教师的工作除了积极的观察，还应进行指导、引导及示范。

因此，懂得原理和方法的导师，在指导孩子的"工作"时，会深知"它"其中的目的、程序与启导之间的变化。他会懂得孩子内心的意识、学习的能力与自然的限制，以及什么年龄、什么心态应该给他什么东西，而予以正确地指导，才会有效地帮助他们的身心能够正常发展，并提高其智能潜力。

在卡罗斯特教育法中，孩子借着教具获得智力与体能上的开发，而教具的介绍，必须靠导师启发，导师成为一个媒介人物。

卡罗斯特不但能"简易"、"简洁"与"客观"地示范给孩子"教具"的使用方法，还要能随时了解孩子对此项教具的反应，以决定启发他们继续操作或诱导他们暂时停止。

教师还要虚心认真地观察面前这个孩子内心的需要和限制。

同时也能真正地懂得什么是"以孩子为中心"。例如：不用强迫式的语气命令他这样、那样地去做；多蹲下来与孩子说话，不采取高居姿态；示范时能轻声细语，动作轻慢而利落等等。这些细微的地方，导师也都必须注意，才能让孩子明明白白地领受，高高兴兴地学习。

2. 倡导"发现式"教育

传统的教育法是系统的，以教育者为中心的教育，孩子是以吸收教育者所解释的教材为学习目的，因而科学的思维和发现的训练难以成立。所以，目前有人提倡以"发现学习"为特点的创造性教育。

在发现学习中，不是立刻对学习的课题给予答案，而是由孩子直观地建立假说，然后寻找它的道理，反复验证假说的正确性。通过正确性地建立假说的训练，孩子就可进行使自己的直观活跃起来的训练，同时，知识也可以有效地得到改组了。孩子可以进行学习，而不是单纯地记住所接受的知识。

1. 好奇心是探索未知的前提

对知识的好奇心即学习兴趣是探索未知新事物的前提，学习者现有信息之间或者现有信息与新信息之间产生不和谐的关系，就会产生使这种不和谐达到均衡化的倾向。这种需求就是对知识的好奇心。对知识的好奇心与探求心、冒险精神相关联，就需求来说，则与创造的需求、成就的需求有关。这种现象从幼儿期就萌发了，通过适当的训练和教育，发展为科学的好奇心和艺术的好奇心，然后变成科学技术的发明以及艺术创作的活动，并且获得成功。

孩子都想了解新事物、掌握新经验，但是，如果某种现象过于新奇，以致无法了解它时，孩子就会感到索然无味，或者产生恐惧和不安心理。因此，在学习过程中，应该让孩子积累经验并产生兴趣，或者通过视、听觉的刺激，向他们提供间接经验，或者提供信息，说明它与已掌握的知识之间的联系，以此来激发孩子对学习知识的好奇心。

2. 指导孩子运用经验

通过仔细观察事物、自由操作来丰富经验。孩子的好奇心强，对什么都想触摸、摇动或拆卸，也喜欢观察并操作事物，这就是创造性活动的基础。据报道，时常使用物品进行游戏的孩子，长大以后就会萌发出许多设想，成为独创型的人才。

建造刺激丰富的活动环境。让孩子能自由地进行探索，从而萌发出设想。有时废品和杂物都可以成为新产品或新玩具的原料。

对孩子的探索应有反应。从行为医学理论分析，孩子的探索行为要及时地给予反馈。老师的反应相当重要，要注意发现孩子的探索和创新精神并及时给予鼓励。

让孩子体会到创造活动的喜悦。为了培养孩子的创造力，应该让他们进行创造性活动，以体会到创造活动的意义。通过完成新奇或有价值的事而体验成功的喜悦，从而不断提高他们的创造欲和好奇心。

创造自由解答的学习环境。众所周知，孩子学习知识有两种形式：一是给予可以自由解答的课题；二是规定解答方式的问题。前者可以促进创造性的思维方式——发散性思维。例如，"某地区人口有多少？"这种问题只能有一个唯一正确的答案。而"最近某地区人口增加是什么缘故？"这种问题则可以得到许多不同的答案。

锻炼孩子独立学习和主动学习的能力。从创造过程看，创造活动都是由个人单独进行和主动完成的，因此，在确定学习目标的基础上，要让孩子自己思考并制定计划。教育者要重视孩子的不同观点、看法和活动，尊重孩子的独创性，同时不断地培养创新意识。

让孩子从失败到成功的过程中获得经验。让孩子知道失败是成功之母，失败不是最后的结果，而是过程中间的挫折，这样可避免因一时失败而产生不满和消极情绪。创造不要因失败而结束，教师要及时给予指导和援助，使孩子体会到从失败走向成功的喜悦。

3. 教育者的作用

美国创造性教育的权威史密斯博士就教育者在培养孩子的创造性方面的作用，提出以下要求：

准备好开发创造性的条件。包括为培养创造性所需要的身体、情绪、社会条件以及思考力开发的有利环境。

教导孩子把学到的技术运用于创造过程中。

不仅教给孩子以事实和原理，还要教他们把这种知识应用于解决问题之中。

在授课时，给孩子提供丰富的经验。为了增加解决创造性问题的方法，应尽量不教给孩子那些传统的解决问题的方法。要让孩子知道，学习是集中的，但不应是封闭的，应该采取发散的、"自由解决问题"的方法。

同时，史密斯博士还提出了教育者自我评价的标准：

从死板的制订方案逐渐转变为制定具有灵活性的教案。

从重视集中性思维过程转变为重视发散性思维过程。

从注意全班学生的一致性，转变为注意个性和开发个性的方法。

3. 想象的作用

人的心理活动不管是简单的感知还是抽象的思维，都离不开想象。人的行为，不论是简单的饮食还是发明创造，同样也离不开想象。想象对人的发展具有重要的意义。

想象是促进人的心理活动丰富而深刻的重要一环，它不仅有助于人们更广阔地认识世界，而且还有助于人们更有效地改造世界。

例如，古人想象有一天，人类会有像孙悟空一样的本事，千里眼、顺风耳，一个筋斗云十万八千里，甚至下五洋捉鳖、上九天揽月，而今，这些都已变成了现实。

毛泽东同志于上世纪50年代考察三峡后，就在诗作中对三峡的改造作了大胆的想象："截断巫山云雨，高峡出平湖。"今天三峡工程早已动工，不远的将来，毛泽东同志的想象就将变成现实。

人正是因为有了想象才有了有目的的活动，才使人有别于其他动物。马克思在《资本论》中谈到人的劳动过程的特点时说："蜜蜂的活动与织工的活动相似，蜜蜂建筑蜂房的本领使人间许多建筑师感到惭愧。但是，最蹩脚的建筑师从一开始就比最灵巧的蜜蜂高明的地方，是他用蜂蜡建筑蜂房以前，已经在自己的头脑中把它建成了。劳动过程结束时得到的结果，在这个过程开始时，就已经在劳动者的想像中存在着，即已经观念地存在着。"这就是说，人在劳动之前，要想制造的东西，早就在头脑中有了图样——关于它的想象。例如，工人的技术革新、农民的科学种田、科技人员的设计发明、艺术家对典型人物的塑造等，无一不是事先有了想象活动。

一个人在生活中，如果对前景有美好的想象，会激励他勇往直前地去战胜各种困难。反过来，如果一个人对前途充满悲观恐怖的想象，那么，他一定会意志消沉，甚至丧失生活的勇气。

4. 有效发展孩子的思维能力

孔子说过："学而不思则惘，思而不学则殆"。意思就是说，只学习而不思考，就会迷茫无知，得不出结果；只思考而不学习，就会疑惑不解，也得不出结论，讲的其实就是思维的意义所在。

思维能力是孩子智力活动的核心，也是智力结构的核心，因而思维能力是孩子成才最重要的智力因素。思维能力也是孩子从小就开始发展的，要让孩子更聪明更胜人一筹，从小就培养孩子的思维能力吧。

培养和训练孩子的思维能力，首先必须了解思维发展的过程。

首先，思维的分类。

思维是一种复杂的、系统的心理现象，一般可以从不同的角度去划分。按思维的内容分，可分为动作思维、形象思维和抽象思维（逻辑思维）；按思维的性质分，可分为再造性思维和创造性思维。

其次，思维的发展。

人类思维发展的总趋势是：由具体思维到抽象思维，即由动作思维发展到形象思维，再依次发展到抽象逻辑思维。

（1）0-3岁：动作思维为主。

在这个阶段，思维是依靠感知和动作来完成的。孩子只有在听、看、玩的过程中，才能进行思维。比如说，孩子常常边玩边想，但一旦动作停止，思维活动也就随之停止。比如，事先孩子并不知道自己要画什么东西，只能画完后才能把画的东西想象成某一种东西告诉你。

（2）4岁：从动作思维向形象思维过渡。

过了3岁以后，孩子的思维就可以依靠头脑中的表象和具体事物的联想展开，他已经能摆脱具体行动，运用已经知道的、见过的、听过的知识来思考问题。虽然这时动作思维仍占很大部分，但是形象思维也占了很大比例。他的思维活动必须依托一个具体形象来展开。

（3）5-6岁：形象思维占主导地位，但已经初步出现抽象逻辑思维。

5-6岁时，孩子思维从形象思维向抽象逻辑思维过渡，对事物的理解也发生各种变化。首先，从理解事物个体发展到对事物关系的理解；其次，从依靠具体形象的理解过渡到主要依靠语言来理解（这时，你用语言向他描述事物，一般情况他会理解）；第三，这个阶段的孩子已经不停留在对事物的简单表面的评价，现在已经开始对事物比较复杂、深刻的评价。

早期孩子在看电视时，可以说出好人、坏人，这时他已经能知道好在哪里、坏在哪里，还会用各种理由来说明他的看法。另外，孩子的思维已经从事物的外表向内部、从局部到全面进行判断和推理，并且逐步正确加深。

培养孩子的思维能力并不仅是老师的事情，家长也有很多事情可以做，几乎可以说是随时随地都可以做到。思维是一项高级的智力活动，它有一定的规律可循，在实际操作中，可以多加利用。

（1）要有丰富的知识与经验

孩子的知识越丰富，思维也就会越活跃，因为丰富的知识和经验可以使孩子产生广泛的联想，使思维灵活而敏捷。著名的化学家门捷列夫，他因制定了元素周期表而对化学研究的发展起到无法替代的作用，但他不仅仅是懂化学，还对物理、气象等科学领域都有涉猎，才能制定出元素周期表。

孩子的阅读能力有限。家长给孩子多买一些动画书、卡片等，还可以和孩子一起找动脑筋的故事，如寓言故事、科普性读物等，常常拿出来和孩子一起讨论。

（2）利用想象打开思路

想象力是智力活动的翅膀，为思维的飞跃提供强劲的推动力。因此，要善于提出各种问题，让孩子通过猜想来打开思路。牛顿从树上掉苹果而产生想象，进而研究出万有引力定律。某物理学家在评论爱因斯坦时说："作为一个发明家，他的能力和名声，在很大程度上应归于想象力给他的激励。"这些都从一个方面说明了想象的重要性。

要孩子发挥想象并不难，关键在于家长随时随地的启发。比如，当看到自行车圆圆的轮子时，可以让孩子想象一下圆的轮子还可以用在什么上面。随便你提出什么需要想象的问题，孩子们的回答都可能千奇百怪，大大出乎你的预料，这个时候千万别嘲笑孩子的创意，打击他的积极性！

（3）孩子经常处在问题情景之中

思维是从问题的提出开始的，接着便是一个问题的解决过程，所以说问题是思维的引子，经常面对问题，大脑就会积极活跃。

当孩子爱提各种各样问题的时候，家长要跟孩子一起讨论、解释这些问题，家长的积极主动对孩子影响很大。如果遇到自己也弄不懂的问题，可以通过请教他人、查阅资料、反复思考获得答案，这个过程最能提高孩子的思维能力。孩子一两岁以后，就不像以前那么爱向家长提问题了。这时家长应该主动提出一些问题与孩子进行讨论。

（4）培养孩子独立思考的习惯

有的孩子遇到疑难问题，总希望家长给他答案，甚至有时候孩子还在自己思考的过程中时，家长就迫不及待地把答案告诉孩子了。虽然当时解决了问题，但从长远来说，对发展孩子智力没有好处。因为家长经常这样做，孩子必然依赖家长的答案，而不会自己去寻找答案，不可能养成独立思考的习惯。高明的家长，面对孩子的问题，告诉孩子寻找答案的方法。也就是启发孩子，一个问题应该怎样去想、去分析，怎样运用自己学过的知识和经验，怎样看书，怎样查参考资料等。当孩子自己得出答案时，他会充满成就感，思维能力提高而且会产生新的动力。

（5）讨论、设计解决实际问题的思路

在孩子的生活中、学习中，在家庭生活中经常出现各种各样的问题需要解决。家长应引导孩子并与孩子一起讨论、设计解决问题的方案，并付诸实施。这个过程中，需要分析、归纳，需要推理，需要设想解决的方法与程序。这对于提高孩子的思维能力和解决实际问题的能力大有好处。

5. 想象力与思考力

可以这样说，想象是智力活动的翅膀，它是人们学习科学文化知识和进行创造性活动必不可少的条件。

一个人想象丰富，思路必然开阔，思考力发展水平便会有所提高。世界著名科学家爱因斯坦就是由于其丰富的想象力而发现相对论的。据说，他不是坐在书桌前发现相对论的，而是在一个夏天躺在小山头上发现的。当时，他躺在小山头上，眯起眼睛向上看时，千万道细细的阳光穿过他的睫毛射进了他的眼睛。他就好奇地想，如果能乘一条光线去旅行，那将是什么样子呢？于是他想象自己做了一次宇宙旅行。想象力把他带进了一个场所，这个场所用经典物理学的观点是不能解释的。于是，他怀着特别急切的心情回到屋里，提出了一种新的理论以解释他的想象。而且他还坚信，这种理论比经典物理学的概念更正确，这就是震惊世界的"广义相对论"。如果一个人想象贫乏，思维狭窄，他的思考力就难以有所发展。

爱因斯坦曾说过，想象力比知识更重要，因为知识是有限的，而想象力概括着世界上的一切，推动着进步，并且是知识进化的源泉。人可以借助于想象，打破时空限制。正所谓"思接千载，视通万里"。

6. 心理想象与思维想象区别

我国东汉时期的蔡伦发明了造纸术以后，他的一个弟子孔丹，很想造出一种世上最白最好的纸来为师父蔡伦画像。他随时都关心着这件事，无论走到哪里，他都会留心是否能发现有什么新的可以造出好纸的材料。有一次，他在一座山里看到一棵古老的檀树倒在了溪流之中。由于年长日久，树皮被流水浸泡冲刷，已经腐烂了，但是却变白了。孔丹惊喜地停了下来，不由得浮想联翩。他想象：这样的树皮，按照它的质地，可以分离出一缕缕洁白、柔韧的纤维来。对它再加工，就可以制成又白、又薄、又吸水、又富于韧性的最好的白纸。他头脑中的一阵阵想象，使他仿佛已亲眼见到了这种上等白纸的具体景象；同时，想象也给了他鼓舞和力量，促使他返回家中后很快便着手设计和试验。过了一段时间，他终于用檀树皮制造出了洁白如玉、久不变色、至今仍在世界上享有盛名美誉的宣纸。

思维想象，是形象思维的一种基本形式和方法。它同其他思维现象一样，都属于特殊的心理现象，是心理现象的高级形式。作为思维现象之一的思维想象，同一般的心理想象相比较，既有共同点，也有不同点。

心理想象是指对头脑中已有的表象进行加工改造而产生新形象的心理过程。按照人们至今沿用的 16 世纪英国著名的哲学家培根的分类，以"是否有目的"为标准，想象首先可以分为无意想象和有意想象。无意想象也就是没有目的的想象，例如看见天上的朵朵白云，头脑中便自然地浮现出一些山石草木、虫鱼鸟兽的形象。有意想象是有目的的想象，又可以根据"有意"中所包含的创造性成分的多与少、强与弱，再进一步将其分为再造想象和创造想象。

这里讲的思维想象，属于创造想象。它有很强的理性成分，很高的创造性程度，是人类自古以来所运用的一种基本的创新思考方法。思维想象是指在思考者头脑中，通过对表象和意象的分解和组合，用以创造出反映事物某方面本质与规律的艺术典型、科学模型以及工作生活中的形象性设想等新的事物形象。

关于心理想象与思维想象的区别，可以归纳为这样几点：

想象的素材有区别。心理想象的素材是头脑中已有的表象；思维想象的素材不仅包括已有的表象，还包括已有的意象，以及思考者的思想、观点等。

想象的性质有区别。心理想象提供的是属于感性认识的东西，思维想象提供的是属于理性认识的东西。

想象的结果有区别。心理想象的结果可能是再现他人创造的新形象，也可能是再现自己头脑已有的旧形象；思维想象的结果则是思考者头脑中创造的某种新的意象，不仅包括日常生活中的新形象，而且包括文艺创作中的艺术典型、科技研究中的科学模型，以及工作生活中的形象性的新设想等。

在 20 世纪以前，一般人都不承认想象有认识作用，因而也就否定有思维想象的存在。以往人们都只重视知识而轻视想象，认为知识是实实在在的有用的东西，想象是虚无缥缈的没用的东西，这样的看法严重地忽视并大大地低估了想象的创造作用。20 世纪以来，经过爱因斯坦等许多著名的科学家对想象的创造性作用所作的深刻阐述和大力强调，人们才逐步认识和肯定了创造想象也是一种重要的思维现实。

因提出量子假说而获得 1918 年诺贝尔物理学奖的德国著名物理学家普朗克说："每一个假设都是想象力发挥作用的产物。"

要让想象为我们带来真正富有价值的成果，还必须使想象与人的理性判断相结合。英国著名哲学家、数学家怀特海说过："一些人仅仅以获得知识为目标而不去发挥想象力，他们是一群学究；另一些人仅仅运用想象力而不具有起码的必备知识，他们是一群疯子。"想象力必须同鉴别力、判断力结合起来，才能使想象展开并指向正确的方向，结出富有价值的硕果。大一些的孩子的想象力一般都弱于年幼的孩子，但大一些的孩子的想象质量和实用价值却往往高于年幼的孩子，其原因就在于大一些的孩子具有比年幼的孩子更高的鉴别力和判断力。

想象越超脱、越大胆，往往就越新颖别致、越富有创新的价值；但包含的谬误也往往就越多。所以德国著名诗人歌德说："有想象力而没有鉴别力是世界上最可怕的事。"他还说："想象越和理性相结合越高贵。"人的想象，既要摆脱和冲破逻辑推理的束缚而展翅高飞，又要借助于严密的逻辑推理，对想象的产物进行审核筛选和加工制作，才能使它最后得以开花结果。

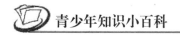

7. 启发孩子的观察与思考

在家庭教育中，启发孩子对知识的兴趣、教会孩子如何学习和如何观察周围的事物，比传授知识本身更重要。

美国物理学家、1965 年诺贝尔物理学奖获得者费因曼小的时候，父亲经常带他到山林中去游玩，并给他讲许多动植物的新鲜事。有时，父亲会指着树上的一只鸟对儿子说：

"那是一只斯氏鸣禽。意大利人把它叫做'查图拉波替达'，葡萄牙人叫它'彭达波达'，中国人叫它'春兰鹅'，日本人叫它'卡塔诺特克达'。你可以知道各种语言中这只鸟的名字，但最终还是一点也不懂得它。我们还是来仔细瞧瞧它在做什么吧，这才是最重要的。"

父亲问儿子："那只鸟总是啄它的羽毛，那是为什么？"小费因曼回答："大概是飞翔时弄乱了羽毛，所以要用嘴梳理整齐吧。"父亲接着说："如果是那样，那么鸟在刚落在树上时应该更勤快地啄羽毛，过一会儿就会逐渐停下来。让我们看看是不是这样。"

小费因曼发现鸟在刚落在树上和过一会儿后啄羽毛次数差不多。父亲告诉他那是因为羽毛中有虱子，鸟在啄虱子。后来，费因曼知道了这种鸟的名字并不叫"斯氏鸣禽"或"春兰鹅"，啄羽毛也不是因为有虱子，但父亲却使他从小就了解了"知道一个事物的名字"和"真正懂得一个事物"的区别，学会了如何去观察各种事物，体会到探索事物奥秘的乐趣。这对费因曼后来走上科学研究的道路并取得重要成果起到了不可忽视的作用。几十年后，费因曼回忆说：当时我并不懂得我的父亲有多么了不起。他究竟是怎么学会了科学最根本的法则？

8. 如何启发孩子的创造力

创造力是一个孩子智力和能力的标志，是能否成才的重要因素。它取决于后天的培养。有的家长认为孩子聪明、智商高就一定会有所发明创造，其实不然。有的人智商很高，却没有任何创造性表现，终生平平庸庸。这是因为创造力的发挥除要求有正常的智力水平外，还必须具有良好的非智力因素，即兴趣、意志、性格、动作、情感。

如何培养发展孩子的创造力呢？

（1）培养孩子的兴趣。一个孩子对某项活动产生了浓厚的兴趣，他会积极地、并且努力地参加这项活动，在活动中不断地开动脑筋，获得有关的知识技能，从而进一步改进活动的内容和方法。

（2）培养孩子的独立性。许多家长认为：听话、顺从、不调皮捣蛋的孩子是乖孩子、好孩子。还有的家长娇惯、溺爱孩子，怕添乱，不鼓励孩子做力所能及的事。家长应该相信孩子，让孩子动手做一些力所能及的事。当孩子遇到困难时，要鼓励和启发他想办法克服和解决，但不能越俎代庖。

（3）培养孩子的好奇心。好奇是幼儿的特点之一，是探索知识奥秘的动力。好奇心愈强想象力愈丰富，创造性就愈高。孩子对许多事情都感到好奇，凡事都想弄个明白。如孩子想知道手电筒为何发光、不倒翁为什么推不倒，竟把手电筒和不倒翁拆开。孩子平时捶这打那，全是好奇心所致。好奇心是探求、创造的动力源。牛顿从苹果落地得到启发，后来发明"万有引力"定律。瓦特少年时曾为壶盖被水蒸汽顶起而好奇，最终发明了蒸汽机。所以家长要引导孩子大胆去想，允许他们创造性地尝试。

（4）培养孩子良好的个性品质。古今中外做出巨大贡献的、富于创造的人都具有热爱事业、兴趣广泛、情绪乐观、自尊自信、持之以恒、不怕困难的特点。因此，家长在重视和开发孩子的智力时，不能忽视对孩子非智力因素的培养。放手让孩子多做力所能及的事，给他"拆拆"、"装装"、"试试"的自由，即使孩子做错了，也要因势利导，使他不怕失败，勇于进取。

9. 如何发挥孩子的想象力

每个人的幸福观往往是建立在自己的心态上，当你心态感觉良好，你就会感觉幸福。也可以说，人们幸福有一半以上靠的是想象。不会想象的人是不懂得真正的幸福的。贝鲁泰斯曾说过："想象是人生的肉，若没有想象，人生只不过是一堆骸骨。"

没有风趣和幽默感的父母做事就只论事实，排斥想象。他们甚至把圣诞老人和仙女从家里撵走。他们的这种干巴巴的生活态度也传染到对孩子的教育中。他们认为违反事实的传说和不合情理的儿歌等对孩子有害无益，他们更不懂得传说和儿歌能够陶冶孩子的品德。事实上，即使大人的生活，没有想象也是无趣的。父母从家庭里撵走圣诞老人和仙女，就如同撵走伴侣和抛弃玩具一样，对孩子来说是残酷无情的。

很多孩子们之所以懂得爱惜鸟兽，并具备了有关道德的一些初步知识，从小就立志要怀有远大的理想等，都是受传说和儿歌的影响所致。

如果一个人在小时候想象力得不到发展，他或她非但不能成为诗人、小说家、雕刻家、画家，而且也成不了建筑家、科学家、法律学家、数学家。尽管有人认为当数学家和科学家用不着想象，但这是不符合事实的。想象对于任何人都是必要的。发明家发明机械、学者发现真理、建筑学家设计建筑物时都离不开想象。

也许有人认为，想象力对于艺术家、音乐家和诗人大有用处，但在实际生活中，它的位置并没有那样的显赫。但事实告诉我们：凡是人类各界的领袖都做过想象者。不论工业界的巨头、商业的领袖，都是具有伟大的想象、并持以坚定的信心、付出努力奋斗的人。

下面让我们看一些具体的事例：

意大利科学家马可尼发明无线电，是惊人想象的实现。这个惊人想象的实现，使得航行在惊涛骇浪中的船只一旦遭受到灾祸，便可利用无线电，发出求救信号，由此拯救千万生灵。

电报在没有被发明之前，也被认为是人类的想象，但莫尔斯竟使这想象得以实现了，电报一旦发明，世界各地消息的传递，从此变得是多么的便利。

史蒂文森原先是一个贫穷的矿工，但他制造火车机车的想象也变成了现实，使人类的交通工具大为改观，人类的运输能力也得以空前的提高。罗杰斯先生，驾着飞机，实现了飞越欧洲大陆的想象。

作家乔治·巴纳说："理想是在心中浮现的、将来的事物可能或者应该是什么样子的图画。"

举例来说，沃尔特·迪斯尼有理想。他想象出一个这样的地方：那里想象力比一切都重要，孩子们欢天喜地，全家人可以一起在新世界探险，小说中的人和故事在生活中出现，触摸得到。这个远见后来成为事实，首先在美国加州迪斯尼乐园，后来又扩展到美国的另一个迪斯尼公园，还有一个在日本、一个在法国。

当克里斯蒂离开起跑线时，他就想着要赢得100米男子短跑的金牌。他已经在自己的心中一遍又一遍地跑过这段距离，他睁开大眼，紧紧盯着终点线。他事后说："我所做的一切就是集中精力。"

8个参加决赛的运动员都可能获胜，但克里斯蒂具有精神的力量，那就是想象力。

那时一个运动员，精力高度集中，他脑海中所浮现的只有一样东西，那就是奥林匹克的金牌。

对孩子来说，想象比拥有百万家财还重要。凡是年幼时充分发展了想象力的人，当他遭到不幸时也会感到幸福，当他陷于贫困时也会感到快活。所以说，世界上最不幸的人，就是不善于想象的人。这种人在社会竞争中必然遭受挫折。

幼小的孩子由于缺乏社会生活经验，不懂得善为什么是善，恶为什么是恶。为了让他们分清善恶，最好的方法就是给他们讲述传说和儿歌。教育家斯特娜夫人还用这种方法矫正女儿的不良行为，巩固和发展她的一些好的方面。

为了发展孩子的想象力，有的父母不仅同儿女讲述已有的传说和童话，而且还让他看有趣的画儿，讲述自编的故事，进而让孩子自己讲述自编的故事，并鼓励他们把故事写成文章。

为了发展孩子的想象力，最有效的方法是自己表演儿歌和传说的内容。表演需要背景，但是没有背景也可以，这正是发展孩子想象力的机会。

"孩子剧场"的创始人阿里斯·朋尼·赫苹女士也这样认为："孩子剧场"的背景和装扮若过于逼真，孩子们就没有想象的余地了，这样反而不能促进他们想象力的发展。她还说今天的教育的不足之处就在于过于现实，没有发展孩子的想象力。

卡拉杰姆有两位想象的朋友，一个叫内里，另一个叫鲁西。当她住在农村远离朋友们时，她就请出两个想象的朋友，这样他们可以 3 个人一起玩。所以，卡拉杰姆任何时候也不会感到无聊、苦恼。

斯特娜夫人认为，小孩的玩具不应是完整无缺的，而应是简单结实的。理由是：第一，完整的玩具价钱贵且易坏，很不经济；第二，不能发展孩子的想象力。因此，这类玩具就失去了它应有的价值了。她从卡拉杰姆小时候起，就只给她布做的娃娃和胶皮娃娃。与那种容易坏的珍贵娃娃相比，胶皮娃娃可以同维尼一起睡觉，还可以一同洗澡。只有这样才能发展孩子的想象力，它们才具有玩具的价值。

在对孩子的教育中，斯特娜夫人很少给卡拉杰姆制好的玩具，而是给她剪刀和碎布等，让她自己缝制娃娃的服装，给她买家庭用具的玩具，让她模仿日常生活。

有的母亲因不了解孩子们的想象世界，当孩子用木片和纸盒等建造城市、宫殿时，她们为了收拾屋子，往往不给孩子打招呼就破坏了孩子的游戏，这就无情地摧残了孩子的精神世界。这样做非常不对。她们的这一举动，不仅剥夺了孩子的幸福和游戏的欢乐，而且有碍于孩子将来成为诗人、学者、发明家……

10. 培养孩子的图形思考力

从人类思考的历史发展过程来看，图形思考是人类在早期阶段就发展起来的一种思维形态。人类从动物中分化出来后的很长一段时期内，还不能在头脑里形成概念，那时人类的"思考"只能是建立在表象基础上的图形思考。法国社会学家列维·布留尔在他所著的《原始思维》一书中，曾以大量的事实证明了原始人的思考是建立在"集体表象"基础上的"原逻辑思维"。他所说的"原逻辑思维"，实际上也就是指人类处于早期阶段的图形思考。

英国物理学家法拉第在 1837 年提出电场和磁场的概念后，尽管他设计并进行了多次试验，也未能很好地揭示"场"这一特殊物质的作用机制。直到 1852 年，有一次，他把撒着细铁屑的硬纸片放在磁铁上，然后轻轻抖动纸片，铁屑便逐渐集合成了以磁铁为中心的一系列弧线。这些弧线的形象启发了他的图形思考力，使他形成了新的设想：即使没有铁屑，也应该存在这些表示磁力作用的弧线。正是在此基础上，他才提出了"磁力线"这一概念，从而进一步完善了磁场理论。

语言既可以作为抽象思考的工具，也可以作为图形思考的工具。因为语言中的词语既能表达概念，同时又具有指物性（即作为指称事物的符号）。掌握了语言的人所进行的图形思考一般都由语言作为中介手段，由于语言通过它的语义保持着与客观事物的联系，同时语言符号又具有可感知的形式。因此，人们在图形中既可以借助语言概括或规定各种图形的特征，也可以通过对语言的语义了解，在头脑中再现语言符号所指称的事物。人脑中的各种各样的图形形象，如果都没有相应的语言符号，那么，人脑中的图形形象的储存、提取和运用，以及图形思考活动的进行，将是难以想象的。即使就美术、音乐这些非语言的艺术表现形式来说，至少在它们的构思阶段也要用到语言。

无论是在东方还是在西方，以自然哲学形态出现的古代科学，它们所做出的许多重大的发现和发明，提出的许多天才的预见和猜想，大都主要是通过图形思考获得的。近代科学研究以科学实验为基础，而科学实验的过程都是具体而形象性的。科学技术人员从事科学实验不仅必须要有形象的感受和储存，而且必须进行图形的识别与描述。图形思考是科技人员从事科学技术研究不可缺少的思考手段，许多现代科学，诸如现代宇宙学、粒子物理学、量子化学、分子生物学等，它们的研究对象是人的感觉经验所达不到的，因此，更是不能不借助于图形思考。比如，常常需要建立各种静态的和动态的模型作为研究的手段，以使同客观事物及其变化过程相对照。这种模型的建立，既是逻辑思维的结果，也是图形思考的产物。

17 世纪，意大利著名物理学家伽利略从关于力学的科学实验中发现，当一个小球从第一个斜面滚下而又滚上第二个斜面时，小球在第二个斜面上所达到的高度，略低于它在第一个斜面未向下滚时的高度。伽利略根据从实验中观察到的事实和他所有的力学知识认定，它是由小球与斜面之间的摩擦力造成的。伽利略在进一步研究中又给自己提出了问题：如果完全排除了这种摩擦力，小球受到的阻力为0，那么，小球的运动情况又将会怎样呢？

这既不能单纯靠运用逻辑推理来解决问题，也不能做实验。在现实生活中，完全排除小球与斜面之间的摩擦力，使小球的阻力为0，这是不可能办到的。要在这个问题上继续深入思考和研究，必须用"图形"想。

伽利略是这样用图形想的：小球无限光滑，斜面也无限光滑，小球滚在斜面上就一点阻力也没有了。这样，小球从第一个斜面滚下，再滚上第二个斜面，它滚过两个斜面所达到的高度必然是相等的，而且不管两个斜面的倾斜程度有多大，都是如此。接下来他又想象：如果第二个"斜面"不再有"倾斜度"（也就是说成了平面），那么，小球从第一个斜面滚下来之后，它将沿着无限长的平面以恒定的速度运动下去，也就是将会"动者恒动"。

伽利略由这样的想象，并经过深入研究，最终建立了物理学的运动第二定律。伽利略的这个想象被公认为是合理的。

简单地说，用图形作为思维的元素和手段来想问题，就是图形思考。这里说的图形不单指艺术图形，它泛指一切物体在一定空间和时间内存在时所表现出来的各个方面的具体形态。它既包括事物的外部表现，也包括事物的内部结构。它不仅包括物体的形状、颜色、大小、重量，还包括物体的声响、散发的气味以及物体的温度、硬度等等。它们都表现为"图形"，同时又都可能是构成其它图形的组成因素。

图形可以分为自然图形和人造图形。日月星辰、山川湖泊是自然图形；农田水库、工厂商厦是人造图形。人造图形又包括艺术图形和科技图形等。文学艺术作品中描绘、塑造的人物与景色等是艺术图形；科学技术研究中运用的事物图景、模型等则是科技图形。

图形思考和抽象思考都是以感性认识作为基础的。虽然具有形象性，具有感性直观的外壳，实质上却是反映着事物本质的属于理性认识阶段的思维活动。

"用图形想问题"，这是通俗的说法，更确切地说，图形思考应该说是用头脑中的表象和意象想问题。

表象指的是人的记忆中的想象。由于大脑有记忆功能，人脱离同事物的接触以后，头脑中的印象并不立即消失，它会被储存起来。这种储存在大脑中的客观事物的映象，就是表象。表象作为人的图形思考的基本元素，已包含有一定的理性成分，因为它已经过了人脑的某种筛选。如果由关于某个事物的个别性表象再上升为关于这一类事物的一般性表象，那么，其理性成分就更多、更强。

意象则是人的图形思考的产物，是思考者对头脑中表象有目的地进行处理加工的结果。比起表象来，意象中所包括的理性成分更多。它既包含着思考者的主观认识，同时也反映客观事物的某种本质的东西。意象具有概括性和形象性两方面的特征，这使得它既不同于表象，也不同于概念，而是二者的结合。意象可以作这样简单明了的解释："意象"就是"寓"意之"象"，是"意"造之"象"。

人们在各个方面的实践活动中都需要用图形思考问题。例如，在科学技术研究中：化学家设想复杂的分子结构；天文学家观测满天繁星的夜空；动物学家解剖动物的躯体；建筑工程师设计建筑物；机械工程师设计机器；农业科技人员从事农作物品种的改良。在实际工作中，侦察人员分析罪犯作案的现场；炼钢工人从钢水的色彩变化判断炉温；厨师从炒菜的温度变化掌握火候；医生通过对病人察言观色、诊脉、看舌苔、听心音以诊断疾病。在日常生活中，对亲戚朋友的辨认、对往事的回顾、对未来的设想等等，无不需要借助于图形的运用。

图形思考作为人类的重要的思维类型之一，人们对它的研究认识还很不够，还不能比较准确、系统地揭示它的规律，阐明它的心理和生理机制。如果同对抽象思考的研究相比较，人们对图形思考的认识还处于很不成熟的阶段，亟待进一步加强研究。可以这样说，图形思考应该是我们当前研究思维科学的一项最重要的任务，因为它应用如此广泛，涉及到人类很大一部分知识，很大一部分精神财富，但我们现在对它却不怎么了解。

11. 喜欢思考的海森堡

海森堡不迷信权威，注重独立思考，这与他父亲的言传身教分不开。他父亲是慕尼黑大学的教授，他的正直，在他的生活和工作圈子里人尽皆知。

在 20 世纪 20 年代的反犹浪潮期间，海森堡家楼上一个叫勒维的犹太人曾把一个装有贵重物品的包裹交给他父亲保管，他父亲叫勒维开一个清单，勒维却说："没有这个必要，我们完全信任你。"反犹浪潮平息后，勒维取回了这个包裹，他们一家利用它逃到了国外。他父亲凭借自己对事物的观察和独立思考，对希特勒的反犹排犹持一种反对态度。这种人生观和价值观给海森堡兄弟树立了榜样。父亲的家训是："无论什么事情，都要自己看过才能相信！""千万不要盲目！要保证内心的自由，不要受流行见识所左右。你们只应该相信自己的严格判断，并且只对这种判断负责。"

当海森堡在"格丁根玻尔节"向当时的"物理学教皇"玻尔提出不同意

见的时候，当他向物理学大师玻恩递纸条的时候，当他根据他的思考创立新理论的时候，他一定谨记着他父亲的家训。他把家训有效地用在科学研究上，他常对人说："如果你决心献身于科学，就应该对任何一种想法仔细考虑，一再加以怀疑，不能毫无批判地接受下来。"他还表示过这样的信念："在每一个崭新的认识阶段，我们永远应该以哥伦布为榜样，他勇于离开他已熟悉的世界，怀着近乎狂热的希望到大洋彼岸找到了新的大陆。"

年轻的大学生朋友们，尤其是成绩优秀的青年朋友们，虚心向科学伟人学习是应该的，但不能只限于接受现成的知识，要敢于"站在巨人的肩膀上"，比他们看得更远。千万不要把已经学到的科学知识当作神圣不可侵犯的、亘古不变的真理。

海森堡的成功道路，是不是也可以给予你这样的启示？

第九章　尊重孩子给孩子自由的空间

1. 支持孩子自己的选择

　　纽约是一个人才辈出的地方，在这里培养了许许多多的作家、音乐家和科学家。1918 年 6 月 18 日出生的杰罗姆·卡尔一家就生活在这个城市里。

　　卡尔的家族中有许多人从事艺术，他的叔叔和姑夫是当时艺术界相当著名的人物，姑夫曾在纽约城的一个学生艺术团任教多年。还有一些亲属从事美术、音乐、绘画、雕塑、建筑等工作，卡尔的祖父是专门做家庭艺术装修的。这种对艺术的偏爱一直传到卡尔身上，小卡尔也对艺术有着浓厚的兴趣。

　　卡尔的母亲是优秀的钢琴家，她认为在这样的家庭里从事艺术方面的职业有得天独厚的条件，也最有希望成为知名人物，她最大的愿望是把儿子培养成为一名职业钢琴家。幼年的卡尔没有辜负母亲的厚爱，他勤学苦练，果然身手不凡，在纽约市的"音乐周"竞赛中取得了较好的成绩。但是，卡尔渐渐发现他对上台公开演出没有多大热情。一次参观科学博物馆的经历改变了他的人生道路。虽然违背了父母的愿望，但他们尊重儿子的选择。

　　一次偶然的事件使卡尔发现科学对他有很强的吸引力，他迷恋上了科学，并决定以科学为终生职业。

　　20 世纪 20 年代，科学博物馆刚刚在美国兴起，这种新型的教育形式逐渐为一些有见识的人所接受。大约在卡尔七八岁时，他的母亲领他到纽约的一座科学博物馆参观。当时的情景至今还深深印在卡尔的脑海之中，那些可以亲手操作的展品，使小卡尔目不暇接，每个展品都是一件引人入胜的玩具，他在游戏和愉快的玩耍中结交了一个新的朋友——科学。那些会动的机械向他展示了自然的威力，各种电气展品显示了它们内在的特性。科学竟是这样有趣！科学就在眼前！一个七八岁的小孩也许并不能理解那些深奥的科学原理，但他确确实实地喜爱那些按自然规律运行的各种展品，这些展品的一举一动不是由别人而是由自己来控制。他对科学的兴趣和献身科学的决心就是这样形成的。

美国"探索馆"的创建人、物理学家和教育家弗兰克·奥本海默对科学博物馆的作用是这样说的："在科学博物馆里，关键的问题是如何创造最佳的学习环境。在这样的环境下，人们可以充分地、自主地从自己的爱好和兴趣出发学到知识，使参观者的主动性和创造性得以发挥。培养探求知识的兴趣，通过自己的观察、思维和亲自动手学习知识，从而树立自信心，这是头等重要的。至于学到了什么则是第二位的事。"正因为科学博物馆有这样的作用，美国许多科学家将他们的成就归于早期在科学博物馆的一段经历。卡尔正是在这种环境中产生了对科学的兴趣。他后来回忆说："我对科学的迷恋开始于一次对科学博物馆的参观。"

卡尔的家族中出现过许多的从事艺术的人，也有一些人从事商业活动，却从未出现过一个科学家。尽管如此，长辈们还是非常支持他的选择。大家都认为从事自己有兴趣的事业，会使一生都过得愉快，而且成功的可能性最大。如果卡尔对其他什么事有兴趣，长辈们也会全力支持。

1985 年，诺贝尔化学奖获得者、美国物理学家和化学家卡尔特意给中国的家长们写了一段很有意思的话：

我非常不愿意建议家长们如何教育他们的孩子。我要说的有两点：第一，支持孩子们对未来职业的选择，即便在他们读书时这种选择会改变好几次；第二，我曾见过许多家长企图代替孩子们选择未来的职业，这种企图会伤害孩子与家长自己，并最终失败。

看到卡尔的上述言论，令我们不禁觉得好像他十分熟悉中国的情况。在中国，不论是在填写大学报考志愿时，还是在职业招聘会上，我们都经常可以看到父母在包办代替的情况。某些家长虽然也问一问孩子的意见，但他们总是自觉不自觉地把自己的意志强加在孩子头上。也许他们认为自己丰富的社会阅历可以帮助孩子选择一个稳定而收入丰厚的职业，但他们恰恰没有考虑到孩子自己的兴趣和爱好。如果孩子对所学的专业或从事的职业毫无兴趣，他又怎么可能学好、干好呢？他又如何会取得成就、拥有愉快的生活呢？

以专制、粗暴的行为剥夺孩子的自尊，更是对孩子自尊心的严重打击，其伤害的程度更甚。孩子的自尊心不是与生俱来的，而是随着身心的发育、仿效父母和其他成年人言行举止而萌发、产生的，这就需要父母善于发现孩子自尊的萌发并尊重、培育孩子的自尊，使孩子逐步建立起自强自立的优秀品格。

2. 请尊重你的孩子

曾有一个三口之家到餐厅用餐，服务生先问母亲点什么，接着问父亲点什么，之后问坐在一边的小女儿："亲爱的，你要点什么呢？"

女孩说："我想要热狗。"

"不可以，今天你要吃牛肉三明治。"妈妈非常坚决地说。

"再给她一点生菜。"女孩的父亲补充说。

服务生并没有理会父母的提示，目不转睛地注视着女孩问："亲爱的，热狗上要放什么？"

"哦，一点西红柿酱和黄酱，还要……"她停下来怯怯地看一眼父母，服务生一直微笑着耐心等着她。女孩在服务生的目光鼓励下说："还要一点炸土豆条。"

服务生径直走进厨房，留下目瞪口呆的父母。

可以想象，这个服务生带给女孩的不单单是平等，更多的是自信。

在美国，即使某些孩子的重要性被家庭忽略，大环境也会时刻提醒家长要关注自己的孩子。而在我国，尊重孩子的大环境和小环境都不存在。

我们的家长对待孩子都是以居高临下的长者身份说话，而美国家长则把孩子作为平等的人，父母与孩子说话如同大人之间的探讨。对于男孩，美国父母从小对他们讲的一句话是"做个男人！"爸爸修车时孩子也可以动手参与，孩子提问题时，家长一定会认真对待，甚至会认真全面地回答问题。比如一个四五岁小孩在开玩具汽车，父亲会问他是否使用了安全带，驾驶执照怎么没带。他们认为大人和孩子年龄上有差异，但在地位上是平等的。美国家长对待孩子的态度非常可笑，却十分可爱。

尊重，是现代教育的第一原则。从任何角度看，孩子都会各有差异。做父母和老师的应该尊重学生的差异，包括尊重他们的落后。

大人重视自己的面子，小孩子也有他自己的面子，尤其是在他们生活和玩耍的圈子里。如果他们的这种尊严被伤害，他们的耻辱感会比大人还厉害。然而，无意间伤害了孩子的自尊心，则是常有的事。

一位企业家说过一件孩童时的事情。他生来不会唱歌，唱起歌来声音像个烂沙罐。上小学二年级时，班上举行唱歌比赛，他只得在家里练唱。母亲听了烦躁，就说："你这哪里是唱歌，是在嚷叫！"

这句无意中的话，使他不但对练歌失去了信心，连上学都感到痛苦。

当然，这句话如果是出自他的一个同学，他不但不愿听，而且他还可能同他吵，可是这种话出自自己的母亲——他所信赖、尊敬和依靠的人，他就无法反驳了，但这种伤害是无法弥补的。

还有一种无意的伤害，那就是做父母的总喜欢把自己的孩子看作是不懂事的孩子，所以样样他们都代替孩子做主。其中最常见的情形是孩子的同学来了找他出去玩或者上街，母亲也不管孩子是愿意还是不愿意，就不假思索地对他说："他要看书，他不去。"母亲虽然没有存心伤害孩子，但孩子却会觉得在同学面前很失面子。这是因为孩子进入小学后，他有他的生活圈，他的朋友和他的世界。在他那个世界里，孩子在心理上认为自己是独立的，他有他自己独立的人格，可以不受父母的控制。母亲在孩子的朋友和同学的面前指导或者指示他的行动，等于向孩子的朋友们表示他还必须在父母的指示下生活，没有独立能力。孩子当然会觉得很扫面子。

这样也有损于孩子社会性的发展。所以，除非迫切的需要，即使孩子的同学和朋友所提出的要求是极端不合理，是邀孩子出去胡闹，需要当面立即禁止的话，对孩子的教导也应该避免当着孩子的朋友或同学的面进行。

一位父亲以自己的成长经历来提醒年轻的父母们：

孩子就像小树需要阳光一样需要宽松民主，像需要土壤一样需要被尊重。

我小时候的生长环境几乎无民主可言。父母是爱我的，这一点毋庸置疑。然而不幸的是他们信奉棍棒底下出孝子，认为老子打骂儿子天经地义，这对我的性格造成了很大的影响。可以说，我性格上的一些阴暗面，比如自卑，就是在父母的棍棒教育下形成的。

稍大一点的时候我有了倔强与自尊意识，父亲再打我就强忍住不哭。不想这样做竟令父亲感到威严受到了挑战，于是他更是以加倍的力气运在手掌上，直到打得我忍不住哭出声来。父亲也许没有料到：在哭声和他讥讽的言语声中，一个小孩子初萌的自尊心已经满是裂纹。

我从初中时起就准备记日记，却因为家中找不到日记本的藏身之地而终于放弃。有一次正写信的时候，母亲走近了。我下意识地将信纸一捂，这反而勾起了母亲的警惕，她非要看不可，我坚持不让。结果是在激烈的争夺战中信纸被我撕成碎片扔进了火炉，而恼羞成怒的母亲在赏我一记耳光后转身离去。

她也许觉得父母看自己孩子的信天经地义，却不知孩子的尊严会受到伤害。在母亲冲上来抢夺的一刹那，我感觉被抢的已经不只是一封信了。

这样的事情不胜枚举。父母用专制建立了他们的家长威严，而我的自尊自信却在如磐的重压下艰难地生长，温良谦恭的外表下，隐藏着我的敏感和孤僻。在中学阶段，由于学习的重压，性格上的冲突并未凸现。当我进入了洋溢着自由与个性化气氛的大学校园后，这种性格上的矛盾冲突达到了极点。上大二时我自卑得厉害，觉得自己一无是处，最严重的时候我甚至觉得自杀也未必是件可怕的事。感谢我就读的那所综合性大学，它的图书馆中有丰富的心理学藏书。极度的苦闷中，是那些可爱的书籍使我认识了自己，让我终于从极度的自我否定中走了出来。

直到现在我参加工作已经两年了，自卑的弱点仍不时地束缚着我，有几次差点让我与机会失之交臂，我不得不时时全力与之作抗争。在这里我绝无责怪我深爱的父母之意，但是客观地讲，如果我小时候能有一个更宽松民主的成长环境，也许我现在会做得更好。

这位父亲告诫天下的父母：孩子的健康成长不只体现在身体上和智力上，而且还体现在心理上。一棵小树苗，只浇水施肥而不见阳光，就难以长成参天的大树。家庭民主之于小孩，就好比阳光对于小树苗一样。所以，父母们，请多给孩子一点民主的阳光吧！

人生的每个阶段都会面临自尊的威胁，幼童对于自我所处的地位面临很大的恐惧；少年孩子面临的是剧烈转变的威胁；成年人则要对抗童年时期所经历的自卑感。

如果今天各年龄层的人都存在自卑感，我们要问自己的问题应该是：为什么孩子无法接纳自己？为什么有这么多人觉得自己不被爱也不可爱？为什么我们的家庭和学校带来的是失望和自我憎恶，而不是自信与自我尊重？为什么每个孩子都要在同样的问题上撞得头破血流？所有问题的答案只有一个，我们从小缺乏尊重。

生活中，父母对孩子很容易表现出疼爱却又不尊重的态度，在必要时你会为孩子拼命，但是在日常生活中却缺乏耐心，嫌麻烦，常有些不理智的语言挫伤孩子的自尊。孩子呀呀学唱，爸爸不耐烦地说："啊呀，你不要再唱了，吵死人了。"

孩子学画熊猫，爸爸毫不爱惜地说出："这像熊猫吗？画成狗啦！"

孩子拿回 99 分的考试卷叫家长看，粗鲁的爸爸说出："才 99 分，没考 100 分还有脸叫我看吗？"

父子对弈跳棋，不明智的爸爸说孩子："你又输了，还是不如我。"

孩子主动帮妈妈洗碗、刷锅，妈妈却唠叨："别给我帮倒忙啦！"

诸如此类的言事，在成人方面可能毫无意识，而在孩子一方，却会造成一种心灵的创伤，轻则削弱了他的自尊和自信，重则铸成孩子无心上进的自馁和自卑心理，这不恰恰背离了当父母的望子成龙的心愿了吗？

因此，想要建立孩子的自尊心，光爱他还不够，你还需要尊重孩子。

尊重孩子，意味着我们要将孩子看成一个个体，而这个个体有权利像我们成年人一样做出决定。

　　尊重孩子，意味着爱护他们善良美好的心灵。而不是总以为孩子年幼无知，忽略了对孩子应有的尊重，高兴时百依百顺，生气时就横加指责。

　　尊重孩子，意味着应该在任何可能的时候，支持孩子的决定。

　　伊·巴甫洛夫的父亲彼·巴甫洛夫是一个郊区城镇酌牧师。当时，牧师是一个较为低级的职位，并不十分受人尊敬，他们家里也很拮据。

　　梁赞城里有36座教堂，彼·巴甫洛夫管辖的是尼科罗索夫斯卡娅教堂。父亲是一个思想开放、秉性公正、意志坚强的人，他非常注重培养孩子们的个人道德和社会责任感。他从来就不娇惯自己的孩子，而是早早地教他们劳动技能，让孩子们明白动手劳动的价值。伊·巴甫洛夫作为长子，从小就能帮助父亲在菜园里劳动，帮助母亲料理家务。这一切，为伊·巴甫洛夫日后的成长奠定了坚实的基础。

　　伊·巴甫洛夫很小的时候，就从父亲给予的那些精彩的小书中受到了启迪，其中最受启发的就是克雷洛夫的寓言。即使后来他成了著名的科学家，拥有自己的工作室，在他的办公桌最显眼的位置上，仍摆放着克雷洛夫寓言。

3. 给孩子自己选择的权利

　　1870 年的一个夏夜，年轻的巴甫洛夫坐在家中的窗前，紧锁着眉头，他正考虑着一件重大的事情，即一件事关他前途命运的大事：他是从事神职工作还是从事他心爱的自然科学的学习？

　　就在前天，他所在的教会中学召开学年表彰大会，他被学校指定承受"法衣"。这是学校给品学兼优的高材生的奖赏和荣誉，意味着他在通向神职的道路上成功了一大半。他的父亲是一个教区的神父，当然希望自己的长子继承自己的事业，同学们和邻居们也都来向他表示祝贺。大家都明白，他只要照着目前的路子走下去，再过一年，他就会顺顺当当地当上一个教土，获得一份还过得去的收入。

　　然而，他今天却听到了一件令他更为振奋的消息：政府允许中学最高年级的在读生，在毕业前报考彼得堡大学，此外，大学还可免去家境贫寒、持有政府发给的"贫困证明书"的学生学费。这意味着巴甫洛夫有可能提前实现他进大学学习自然科学的梦想。但是，这显然是一条崎岖而漫长的路，能否考得上，考上后能否学得好，学成后能否顺利找到工作，一切都是未知数。

　　在巴甫洛夫的书桌前，放着一本印有彩色插图的《日常生活中的生理学》。自从小时候从父亲的藏书柜中找到这本书后，这本书就成了他最亲密的朋友。书里有各种各样离奇古怪的故事，这些故事讲述了人体有关呼吸、消化、心脏如何工作的生理学原理。这些故事和原理令巴甫洛夫目不暇接，心醉神迷，他只要想着自己吞进去的面包、肉、奶等食物在胃和肠道里有这么多奇遇，最终变成自己身体的建筑材料和力量源泉，他就禁不住对这本书描绘的世界产生了莫大的兴趣。

现在，他就要面临对未来的选择了，他能舍弃他心爱的科学于不顾，而去从事他完全不喜欢的、沉闷的神职工作吗？不能！这位未来的"世界第一生理学家"没有多少犹豫，就做出了他自己的决定。

其实，我们的许多终身志趣，常常是早在童年时期就形成了。那时我们也许并未意识到，也不可能做出什么选择，但种子已经种下，不知不觉这一生的道路已经在脚下展开。

父亲能同意巴甫洛夫的选择吗？彼得堡大学离家乡有 800 俄里（1 俄里＝1.06 公里）远，家里的经济负担得起吗？巴甫洛夫对这些问题一点把握也没有，这是他担忧的主要原因。

巴甫洛夫是幸运的，他赶上了一个比较好的时代。距此 9 年前，俄国自上而下进行了农奴制改革。9 年来，许多政治、经济、文化教育制度都发生了变化。他读中学期间，伟大的民主主义者赫尔岑、别林斯基、车尔尼雪夫斯基、杜勃罗留波夫以及启蒙运动的政论家比萨列夫等人，正与社会生活和科学上的反动思想进行着艰苦卓绝的斗争，他们不但要在政治上唤起民众，还要在自然科学，特别是在生物学领域热诚地传播唯物论的思想。整个社会在翻腾，不仅巴甫洛夫所在的教会中学感受到了这股新鲜思想的浪潮，连巴甫洛夫的父母也都觉得可以触摸到了。

我们应当感谢巴甫洛夫的父亲，他的藏书室、土地、操场养育了巴甫洛夫，他的善良、勤劳、正直、热爱读书和勇于接受新鲜事物的人生态度又在实际上支持了巴甫洛夫。当儿子向父亲表示自己的志愿不是研究神学而是研究自然科学时，父亲虽然一度伤心，但并没有为难这个他曾寄予厚望的长子，他说："随你的便吧，这是你自己的事。"然后，他又以自己步行跋涉 200 俄里到梁赞城上神学校的往事，鼓励他的儿子不要害怕求学路上的困难。为此，未来的院士、伟大的生理学家很有理由眷恋怀念他的父亲，及至垂暮之年，他还常常说："父亲对我恩重如山……"

4. 让孩子接受你的爱

爱：每个孩子都需要爱。许多孩子对爱的需要远胜于对一两件玩具礼物的需要。但父母如何来表达自己的爱呢？

纪律：孩子健康成长的道路上，需要你提供一些做人处世的规矩，以让他懂得凡事不能为所欲为，以及自我约束的重要性。

以身作则：你传递给孩子最重要的信息往往不是用语言方式来表达到的。在孩子的整个成长期，他都会模仿父母的行为，并以父母为楷模。

自尊：孩子的自尊是通过父母对他的尊重培养出来的。体罚是对孩子一种不尊重。尊重意味着你必须将孩子看成是独一无二的"这一个"，允许他发展自己的爱好和追求。

恰当的评价：对孩子的良好行为给予适当称赞是重要的，但假如称赞言过其实，反而会有损于孩子的自我评价。相反，对孩子的过分指责和嘲笑，传达的是这样一种信息："你没有能力做这件事，必须由我来代替你完成。"这种凡事包办的做法会破坏孩子的成就感。

良好的健康习惯：培养孩子的健康习惯，父母的行为是很重要的。父母坚持刷牙、健身或注重饮食健康，都是在向你的孩子灌输一种观念：要照顾好自己的身体。

多跟孩子在一起：即使工作再苦再累，你也要让孩子知道他在你心目中始终是第一位的。

学习动力：所有那些肯学习的父母在无形中为孩子树立了一个榜样，但也应注意不要拔苗助长。对孩子来说，压力过大会影响他们学习的内在动力。

幽默感：与你的孩子一起欢笑，能让他看到事物轻松和愉快的一面。不要总是对孩子一本正经，笑声能让我们更加热爱生活。

伙伴关系：从两岁开始，孩子就需要与同龄或略大一点孩子玩耍。这样孩子能学会妥协、同情和合作，还会发展出一些新技巧、兴趣、责任心等等。你所要做的是适时地给他们一些指导。

5. 爱因斯坦的科学探索

爱因斯坦是20世纪最伟大的科学巨人之一，他创立的相对论，对理论物理学的发展具有极其深刻的影响，甚至可以说，具有"改变世界"的重大意义。

爱因斯坦总喜欢静静地坐在客厅里，倾听从母亲的指间流淌出来的优美动人的音乐。他喜欢一个人静静地坐在客厅的角落里玩搭积木，一玩就是老半天，然后忘情地欣赏自己的杰作。

爱因斯坦的父亲喜欢郊游，经常兴高采烈地带着全家人到野外去游玩。小爱因斯坦十分喜欢这种活动，那美丽动人的湖光山色，那耸入云霄的参天

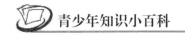

大树，那颂歌般的松涛，那金色的阳光，都使他沉醉。

爱因斯坦的小脑瓜里，充满了对这个陌生世界的好奇。在爱因斯坦四五岁的时候，父亲送给他一件小玩具——罗盘。对新鲜事物充满好奇的小爱因斯坦立刻爱不释手地摆弄起来。

小爱因斯坦翻来覆去地研究罗盘，对指南针总是指向北方，心中充满了疑惑。

这个童年之谜就此深深刻印在他的记忆中。也许，爱因斯坦日后对电磁场的深入研究，灵感就是源于童年时代那谜一样的小玩具罗盘。

6岁时，爱因斯坦迷上音乐，开始学习小提琴，小提琴奏出的优美音乐将他带入了一个美妙的境界。然而，练习小提琴时机械、重复的弓法和指法又令他心生厌倦。就这样，小学时代的小爱因斯坦与同龄人相比，显得多几分笨拙。

10岁时，小爱因斯坦上了中学。兴趣转移到了数学上，数学成了他中学时代最大的业余爱好。爱因斯坦的叔叔是一个工程师，对数学也很喜欢。有一次，他在纸上画了一个直角三角形，并神秘地告诉了爱因斯坦著名的毕达哥拉斯定理，并让爱因斯坦求证一下。

12岁的爱因斯坦此时还不懂得什么叫几何，但他被这个定理迷住了，决心试一试，他一连几个星期苦苦思索，寻找着证明的方法，到第三个星期的最后一天时，竟然被他证明出来了。他第一次体会到创造的快乐，他的创造才能萌动了。后来，爱因斯坦得到一本硬皮精装的几何教科书。他怀着兴奋神秘而又略带恐惧敬畏的心情把书翻开，从头一页欧几里得的第一条定理读起，越看越入迷，竟然一口气把全书读完，并深深为几何定理的精密、明确和严整所折服。对一些定理，他反复地琢磨、思考，有时还尝试着另辟蹊径，自己来重新证明。证明成功爱因斯坦总会欣喜若狂，他一次次深切体会到发现真理的巨大快乐。爱因斯坦幼年时代的好奇心得到进一步发展，同时他的自信心也逐步增强。不久，他又自学了高等数学。爱因斯坦在数学王国里成绩卓著，而其他学科成绩就很差，不少老师都不赞同他这种学习态度。

一次，小爱因斯坦的父亲问学校里的教导主任，自己的儿子将来可以从事什么职业，这位老师竟直言道："做什么都没有关系，你的儿子将是一事无成。"这位老师对小爱因斯坦的成见非常深，认为他是朽木不可雕，竟勒令他退学。就这样，爱因斯坦15岁那年就失学了，连毕业证都没有拿到。但是，这并没有影响爱因斯坦的刻苦自学。他自幼养成了爱读书、爱思考问题的好习惯。有一段时期，他对《大众物理科学丛书》这本通俗科学读物着了迷，无论走到哪里，都要把这本书带在身边，时时翻阅。正是这本书，不但使爱因斯坦破除了对宗教权威的迷信，还引导他立下了探索自然奥秘的宏图大志。在少年爱因斯坦的身边，还总带着一个小笔记本，那是为随时记下灵感的火花而用的。

16岁那年，又一个极富挑战性的问题占据了他的头脑：假如某种光的接收器，比如人的眼睛或者是摄影机，跟随在光的后面，用光速飞奔，那么，会发生什么情形呢？就这样他为自己设置了一个个新的难题、新的挑战，一次次向科学堡垒发起勇敢进攻。

"第一流人物对于时代和历史进程的意义，在其道德品质方面，也许比单纯的才智成就还要大。"这是1935年爱因斯坦悼念玛丽·居里夫人时对她的一生所作的评价。显然，这一名言也是对爱因斯坦的写照。

1919年5月，两支英国远征队拍摄了日全食照片，同年11月6日，英国皇家学会和皇家天文学会联合举行会议，宣布分析结果，证实爱因斯坦"广义相对论"关于光偏转的预言。从这一天起，爱因斯坦就被视为圣人，他的声誉达到巅峰。欧洲以及美国的各大报刊纷纷以醒目的标题对爱因斯坦进行报道。"当代最著名的物理学家"，"世界历史中的新伟人"，"爱因斯坦的相对论是人类思想的最伟大的成就之一"等各种赞誉纷至沓来。爱因斯坦的名字几乎家喻户晓。他作演讲报告时，座无虚席；他所到之处，人群如潮水涌动；慕名来他家拜访的人，川流不息。然而，面对眼花缭乱的颂扬和赞美，爱因斯坦显得异常冷静。他希望每个人都作为个人受到尊重，而不是成为别人顶礼膜拜的对象。

然而，爱因斯坦的声望并没有使他的本质的人性发生一点变化。他一直逃避这种声誉所能带来的一切的荣华和危险。在他为科学事业奋斗的一生中，丝毫没有那种常有的残酷竞争的意识，从不争夺科学上的发明权。而这种意识和争夺却常常控制着其他科学家们，有时甚至毁掉他们的一生。相比之下，在个人品质上，爱因斯坦的确是自然科学家中当之无愧的最光辉、最杰出的代表，他终生弃绝名利，以高尚的人格和可贵的治学精神献身科学。

当他还是一个少年的时候，爱因斯坦就已经深切地意识到大多数人终生无休止地追逐的那些希望和努力都是毫无价值的。财产、虚荣、奢侈的生活——这些世人费尽心机追求的庸俗目标，在他看来是可鄙的。他追求的是真、善、美的人生境界，认为一个人对社会的价值首先取决于他的感情、思想和行动对增进人类利益有多大作用。

在《我的世界观》一文中，爱因斯坦进一步表达了自己的处世思想："我每天上百次地提醒自己：我的精神生活和物质生活都依靠别人（包括生者和死者）的劳动，我必须尽力以同样的分量来报偿我所领受了的和至今还在领受的东西。我强烈地向往着俭朴的生活，并且时常为发觉自己占用了同胞的过多的劳动而难以忍受。"

这就是爱因斯坦，他的箴言，他的人格力量，单纯的像透明的水晶，在无限的时空里永远放射出炫目的光芒！

8. 启发孩子幢憬和思考

20多年前，一篇轰动全国的报告文学《哥德巴赫猜想》，使得一位数学奇才一夜之间家喻户晓。他的名字叫做陈景润。

陈景润1933年出生在一个邮局职员的家庭，刚满4岁，抗日战争开始了。不久，日寇的狼烟烧至他的家乡福建，全家人仓皇逃到山区，孩子们进了山区学校。父亲疲于奔波谋生，无暇顾及子女的教育；母亲是一个劳碌终身的家庭妇女，先后育有12个子女，但最后存活下来的只有6个。陈景润排行老三，长得瘦小羸弱，没有人特别关注他。

在学校，沉默寡言、不善辞令的他常常遭人欺负。可偏偏他又生性倔强，从不曲意讨饶，不知不觉地便形成了一种内向性格。

但陈景润对数字、符号那种天生的热情，使得他忘却了人生的艰难和生活的烦恼，一门心思钻进了知识的宝塔，他要寻求突破，要到那里面去觅取人生的快乐。

所幸，后来随着家人回到福州，陈景润遇到了他自谓是终身获益匪浅的名师沈元。

沈元是中国著名的空气动力学家、航空工程教育家、中国航空界的泰斗。他当时是伦敦大学帝国理工学院毕业的博士、清华大学航空系主任，1948年回到福州料理家事，正逢战事，只好留在福州母校英华中学暂时任教，而陈景润恰恰就是他任教的那个班上的学生。

大学教授教少年方法自然与众不同。沈元上课，常常结合教学内容，用讲故事的方法，深入浅出地传授知识，轻而易举地把孩子们引入了神奇的科学世界，激起他们向往科学、学习科学的巨大热情。

有一天，沈元教授兴致勃勃地为学生们讲述了一个关于哥德巴赫猜想的故事。

"我们都知道，在正整数中，2、4、6、8、10……这些凡是能被2整除的数叫偶数；1、3、5、7、9等等，则被叫做奇数。还有一种数，它们只能被1和它们自身整除，而不能被其他整数整除，这种数叫素数。"

像往常一样，整个教室里，寂静地连一根绣花针掉在地上的声音都能听见，只有沈教授沉稳浑厚的嗓音在回响。

"二百多年前，一位名叫哥德巴赫的德国中学教师发现，每个不小于 6 的偶数都是两个素数之和。譬如，$6 = 3 + 3$，$12 = 5 + 7$，$18 = 7 + 11$，$24 = 11 + 13$……反反复复的，哥德巴赫对许许多多的偶数做了成功的测试，由此猜想每一个大偶数都可以写成两个素数之和。"

沈教授说到这里，教室里一阵骚动，有趣的数学故事已经引起孩子们极大的兴趣。

"但是，猜想毕竟是猜想，不经过严密的科学论证，就永远只能是猜想。"

后来，哥德巴赫写了一封信给当时著名的数学家欧勒。欧勒接到信立刻投入到这个有趣的论证过程中去。但是，很可惜，尽管欧勒为此几近呕心沥血、鞠躬尽瘁，却一直到死也没能为这个猜想做出证明。

"从此，哥德巴赫猜想成了一道世界著名的数学难题，二百多年来，曾令许许多多的学界才俊、数坛英杰为之前赴后继，竞相折腰。"

教室里已是一片沸腾，孩子们的好奇心、想象力一下全给调动起来。

"数学是自然科学的皇后，而这位皇后头上的皇冠，则是数论，我刚才讲到的哥德巴赫猜想，就是皇后皇冠上的一颗璀璨夺目的明珠啊！"

沈元一气呵成地讲完了关于哥德巴赫猜想的故事。同学们议论纷纷，很是热闹，内向的陈景润却一声不出，整个人都"痴"了。这个沉静少言、好冥思苦想的孩子完全被沈元的讲述带进了一个神奇世界。他一遍一遍地暗自问自己：

"你行吗？你能摘下这颗数学皇冠上的明珠吗？"

一位是大学教授，一个是普通学生，虽然这堂课他们之间并没有严格意义上的交流、甚至连交谈都没有，但又的确算得上一次心神之交，因为它奠就了小陈景润一个美丽的理想，一个奋斗的目标，让他愿意为之奋斗一辈子！

多年以后，陈景润从厦门大学毕业，几年后，被著名数学家华罗庚慧眼识中，调入中国科学院数学研究所。自此，在华罗庚的带领下，陈景润日以继夜地投入到对哥德巴赫猜想的漫长而卓绝的论证过程之中。

1966 年，陈景润在中国《科学通报》上告知世人，他证明了 $(1 + 2)$！

1973 年 2 月，陈景润再度完成了对 $(1 + 2)$ 证明的修改。其所证明的一条定理震动了国际数学界，被命名为"陈氏定理"。

也许沈元教授已经记不清自己当年对这帮孩子们都说了些什么，但陈景润却一直记得，一辈子都那样清晰。

从这则事例，我们可以受到这样的启示：意境是思维的一种表现，原于思维，却又不受思维的控制。有了意境就会引发情感，带来灵感。

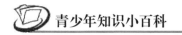

意由心生，心动而产生灵感。灵感的宣泄爆发会超脱"思维"的控制，这就是人的超凡脱俗的意境。

教育孩子，可以通过巧妙的途径，让孩子自己认识问题。启发他们去自主地认识未知事物。开启了这种内在的动力，辅以外力的导引，孩子才会发生可喜的变化。

9. 让孩子学会独立

瑞士网球运动员辛吉斯 12 岁成为最年轻少年组冠军，16 岁登上世界球后宝座，给 20 世纪 90 年代的女子网坛注入青春活力，但在 1999 年，她在法国公开赛和温布尔登公开赛经历了人生第一个大挫折，并且第一次与母亲闹矛盾，但她很快从失败中学习经验，豁然开朗看待人生！

1999 年，辛吉斯打入法国公开赛决赛，与格拉夫对阵，格拉夫的坚毅感动了观众，他们疯狂为她打气，辛吉斯失去应有的冷静，情绪失控，输球后向母亲撒娇痛哭，和工作人员发生冲突，她表现得像个被宠坏的女孩。接下来又连遭挫败，使人怀疑她巅峰期已过。但辛吉斯的问题是，除了网坛的变化外她还要应付自己的变化，这位天才女孩一天天长大，只是周围的人包括最亲密的母亲浑然不觉，这使她烦躁不安。

像大多数女孩一样，烦恼源自家庭，母亲兼教练美兰妮在她 7 岁时与她父亲离婚，带着她移居瑞士，美兰妮后改嫁瑞士人索治，这位继父对辛吉斯很好。美兰妮自小把女儿盯得紧紧，忽视了女儿需要独立的愿望。

温布尔登公开赛前母女俩大吵一顿，辛吉斯首次没在母亲陪同下比赛，结果输得很惨，但"塞翁失马，焉知非福"，辛吉斯在接受美国有线新闻访问时，说这次失败令她有充足时间思考和调整自己，下定决心接受改变，以驾驭自己的未来。她说："首先我主动和母亲详谈，找出我们之间发生了什么事，第一次懂得表达自己的感受。以往我对着她只有沉默遵从。"母女俩还向美国运动心理学家皮哈克德求助，皮哈克德的建议是："一旦家长变成教练，角色会冲突和混淆，只能二择其一。"美兰妮听从了专家建议，选择专心做教练，学着与女儿保持距离，从旁聆听。

争取独立的辛吉斯由瑞士搬到佛罗里达出名的网球学院附近。她说："以前在瑞士经常要请人到我家陪我打球，但在学院我可以结交很多朋友，很多人和我练球和玩乐。"

1999 年网季终于结束，辛吉斯说："今年最大的不同是我的生命里不再只有网球，还有很多东西，去年我说自己是一半孩子一半大人，现在我是长大的女人!"

所谓独立性，是指一个人独立地分析和解决问题的能力。未成年人今后要在社会上生存以及进行创造性活动，必须学会独立。

10. 培养孩子自主性的方法

婴儿最初喜欢生活在母亲的怀抱里，但是他不能永远这样生活。随着孩子慢慢长大，家长应理智地逐渐扩大孩子的活动空间，才能有利于他的健康成长。

每天给孩子一段可以自由支配的时间。可能孩子有时是玩，有时去读自己喜爱的一本书，有时是画画，当然，有时也忙来忙去什么也没干成，但是孩子会逐渐懂得珍惜时间，学会做计划。

一年级的小学生要不要自己洗碗？不少家长拿不定主意。但是有一位家长却特意为孩子准备了一个小板凳，对孩子说：我知道你特别爱干活，想自己刷碗，可是水龙头太高，你够不到，妈妈给你准备了小板凳……孩子兴奋地喊着：谢谢妈妈！马上就登上小板凳高兴地学着大人的样子去洗碗了。

每一个孩子都会经常地提出一个又一个问题，但是怎样让孩子得到答案呢？经验告诉我们：孩子爱不爱提问题，是关系到孩子智力能否正常发展的一个重要因素，而孩子如何去得到答案，则是关系孩子成才的更重要的因素。有一位成功家长的经验是：孩子问我一个字，但我不告诉他，而是让他去查字典。以后，再有不认识的字，他也不再问我，而是自己去查字典。

"穷人的孩子早当家"这句话是有它的道理的。现在生活水平普遍提高了，如何成功地教育孩子，的确是当前急需探讨的难题。有经验的家长总是想办法给孩子设置一些困难，让孩子去解决，从而培养孩子的生活能力和优良的品质。

生活中常常充满着各种各样的机遇，如果总靠成人替孩子去捕捉，这样孩子就永远学不会靠自己走向成功，所以家长的任务应该是只提供或指出各种机遇，启发孩子自己去抓住。

孩子们在一起难免有矛盾，这个解决矛盾的过程，正是孩子健康成长，走向成熟的必要过程。在孩子平等的争论和探索当中，得出的正确结论，对孩子的成长是十分宝贵的。

有一个学生学习差，家长并没有指责他，而是悄悄地告诉他，要把失败作为成功之母，要敢于和别人竞争，首先是和比自己稍好一点的孩子比，在孩子初步取得进步后，家长又启发他寻找新的竞争对手，终于使孩子有了长

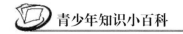

足的进步。

把一些选择的权力交给孩子，但是要在事前为他提供有关情况，帮他分析各种可能，并且提醒他，对自己的选择要负责任。如果家长带孩子去少年宫报名，可先让他参观小组活动，本来，家长的意愿是让孩子学钢琴，可是发现他在舞蹈组门口看得出了神再也不走了。家长就可尊重孩子的选择，但要求孩子要坚持一个阶段，把舞蹈学好。

创造是自主性最高层次的表现。孩子的创造性需要成人积极引导和巧妙激发。有一位家长是这样做的：他的孩子特别爱玩泥，开始家长觉得孩子没出息，可后来发现孩子捏的泥人活灵活现……于是对孩子说："你要捏就好好捏，这叫泥塑，好好练练出自己的风格。"孩子在家长的鼓励下，充分发挥自己的才智，初中毕业时，捏出栩栩如生的《水浒传》中的108将，并以此特长考上了工艺美术学校。

给孩子创造条件，只是有利于发展他的自主性，同时在孩子实践的过程中，家长还要不断和孩子进行有益的交流，鼓励孩子，评价他的成果，提出新任务，使他不断进步。

11. 宽容孩子成长中的缺陷

爱因斯坦之所以能取得辉煌成就，与他的家庭是分不开的。他生长在无忧无虑的家庭环境中，父母对他是十分宽容的，在他的成长道路上精心地保护他的气质与性格免受不良因素的影响。当爱因斯坦的"天才"还没有发挥出来，还显得很笨拙的时候，他的母亲很着急，担心自己的孩子将来一无所成，而他的父亲则说："不用担心，孩子只是不能适应学校的规则及学校机械的教学罢了。等他长大了，了解了周围的一切后，就可以顺利适应了。"父母没有将他看成"弱智儿"，没有因为功课不好、被学校开除而责打他，而是给他一个很宽松的环境，循循善诱地帮助他成长与发展。

世界上的万事万物都是千变万化的，都是在曲折中前进的。孩子也是在不断改正错误中进步成长的。

12. 尊重孩子的志趣

不过，作为家长，仅有良好的愿望和严格的督促是远远不够的，还得学一点心理学常识，懂一点教育规律。

同样是一母所生的三个孩子，长大以后，老大成了数学博士，科学研究硕果累累；老二是长跑教练，培养的运动员多次在各种大赛中摘金夺银；老三则是手艺精湛的装修工。

这三个孩子的家长称得上教子有方，这"方"就是尊重每个孩子的兴趣爱好和志向。

心理学研究表明，儿童的个性心理发展是有差异的，他们各具灵性，对世界万物各有所好。开明的家长应当承认这种差异，尊重孩子的兴趣爱好和志向。如果上面那三个孩子的家长不懂得这一点，一厢情愿"培养"老大当钢琴家，老二当数学家，老三当翻译家，就等于人为地扼杀他们的个性特长和成长良机，反而影响孩子成长。

"三百六十行，行行出状元"。当今就业竞争很激烈，但竞争中的舞台也很广阔，家长必须摆脱狭隘人才观的思想束缚，引导孩子主动地学习，生动活泼地发展。

13. 正确对待孩子的过失

先看下面的两个例子：

一位年轻的母亲正在高声训斥她的孩子："你就欠揍！"孩子坐在车后座，大概七八岁。这位母亲警告孩子：如果再让老师批评那就回家罚站。继而她又历数孩子在家中的种种"恶习"……训斥声不绝于耳，引得众多过往者把目光投向那个"顽劣"的孩子——那个低着头，满眼含泪的小女孩。

有个叫燕燕的孩子自己喝水时不小心打破了茶杯，她主动告诉妈妈，没想到挨了妈妈一巴掌外加一顿骂。事隔不久，燕燕失手把妈妈心爱的花瓶打破了，她想起了上回挨打骂的教训，就在妈妈面前编谎话："是小花猫碰翻了花瓶。"妈妈信以为真，事情就这样搪塞过去了，燕燕也由此学会了用谎话来逃避责任。可见，本来诚实的孩子也会因家长不得法的教育变得不诚实。

儿童少年是出现错误和过失最多的时期。他们由于涉世不深，或思想认识浅，或交友不当，难免会犯这样或那样的错误。对待孩子的错误和过失，轻易地采取简单粗暴的惩罚手段，往往不会取得理想效果。

父母喜爱自己的孩子，希望自己的孩子优秀出众。然而却爱得不得法，有些家长武断、专制，给孩子成长的路上制定出无数的条条框框，让他们遵循，对于孩子的过失与错误，有些家长习惯采用的方式是非打即骂。然而，这种强制的爱会让孩子理解和接受吗？

那个在下班人流中被母亲厉声呵斥的孩子让许多人同情。每个人都有自尊，包括孩子。也许孩子压根儿就不知道自己错在哪儿，也许由于贪玩的天性使她还没有对学习产生兴趣。这个母亲如果换一种教育方式，也许就会是另外一番情景。

与有些国外的孩子对比：中国的孩子个个少年老成，他们的脸上少有灿烂的笑容。这是为什么呢？仔细探讨之后，发现中国的孩子几乎处处生活在规则中：上课，要背着手；吃饭，不许说话；玩耍，衣服得保持清洁；在家里来了客人，要保持安静乖巧；就是孩子的兴趣与爱好，也得听从家长的安排。孩子怎么能不成为"小大人"呢！

孩子犯了错误，家长要本着关心爱护的原则，态度温和地鼓励孩子承认错误，帮助孩子找出错误的根源，改正错误。这样，孩子会信赖你，亲近你，敢于向你说真话。如果用训斥、讥讽或体罚来对待孩子的过失，就可能使他们为了逃避"灾难"而说谎。

第十章　做一个人格高尚的人

1. 重视言传身教

父母要以身作则，做正直的表率。常言道："身教胜于言教"，父母的行动对孩子来说是无声的语言，有形的榜样。教育孩子诚实，家长应该首先做到忠诚老实。但在现实生活中，有一些家长还做得很不够。如：有的家长明明看见自己的孩子先动手打了邻居的孩子，反而说邻居的孩子先动的手。这位家长实际上是在不知不觉中引导孩子说假话。苏联教育家马卡连柯曾说过："不要以为只有你们（父母）和儿童谈话的时候，或教导儿童、吩咐儿童的时候，才是执行教育工作。在你们生活的每一瞬间，都教育着儿童……"宋庆龄也曾说过："成年人的一言一行，都是孩子的榜样，大人骗孩子，孩子也学会了欺骗……"因此，父母要以自身的优秀品质来影响孩子，使孩子成为一个诚实、正直的有高尚品质的人。强调身教，并不是说可以忽视言教，身教与言教密切结合，才能真正收到良好的教育效果。

2. 培养孩子的好习惯

要想培养孩子做事认真的习惯。可以参考以下方法：

人在生长发育期，可塑性最大，最容易接受引导。研究表明，3 至 12 岁是儿童形成做事认真的习惯的关键期。这个阶段的孩子认识和活动范围逐渐扩大，求知识长技能的欲望强烈，容易接受成人对其行为的训练。12 岁后，特别是 18 岁以后，孩子已养成许多习惯，有旧习惯抗扰，新习惯的养成就困难多了。

孩子做事认真的习惯多表现在日常生活的各种细节小事上。如他不丢三落四，做事有条理，观察细致等等。有些家长对这些小事不太注意，常常听

之任之，认为"树大自然直"，这是错误的看法。

在学校，孩子们为什么能够坚持不挑食、把东西放回原处、准时睡觉等好的行为习惯，原因就在于学校有严格的规范，有良好的激励机制。可有些孩子在校的习惯到了家里似乎就"忘"了。这是原因，除了孩子的习惯具有不稳定的特点外，主要还是家里没有制定严格的规范。即使有些规定，由于父母对子女溺爱、娇宠，规定往往难以执行，习惯也难以形成了。要培养孩子的做事认真的习惯，制止和消除不良行为，父母还必须适当地运用表扬与批评、奖励与处罚等强化手段。例如孩子做了好事，受到他人的赞扬就会继续做好事。"做好事"这种行为的增强是由于"他人赞扬"起了强化作用。强化是孩子行为塑造的重要心理机制。

要求孩子做事认真，要坚持不懈地抓下去，直到孩子良好习惯的形成。父母不仅要言教，还要躬行实践。如果只注重说理教育而忽视实践，孩子的习惯还是很难养成的。英国有句谚语：行动养成习惯，习惯形成性格，性格决定命运。

要想孩子做事认真，父母要注重对孩子进行行为方式的指导。行为方式的指导对年龄越小的孩子就越重要。要告诉孩子应该做什么、不应该做什么和如何去做。

3. 培养孩子的责任感

责任感是人们对自己的言行带来的社会价值进行自我判断后产生的情感体验。责任感是人安身立命的基础。当一个人具有了某些能力时，就要对相应的事情负责。但是，儿童做事往往更多地注意行为过程本身，而不太考虑行为的结果。因此，要培养孩子的责任感，必须让他们养成对自己的行为结果负责的习惯。

孩子做事往往是凭兴趣的，要让孩子对某件事负责到底，必须清楚告诉他做事的要求，并且与处罚联系在一起。如把洗青菜的家务活交给孩子，要是没做好就让他重做，使他知道一个人要对自己的行为负责。

让孩子对自己的责任心引以为荣。有位 10 岁的小女孩，她负责倒家中的垃圾已经 5 年了。在她 5 岁那年，她突然对倒垃圾产生了兴趣，一听到收垃圾的铃声就提着垃圾桶去倒。父母就对她倒垃圾的事予以表扬，夸她能干，还经常在外人面前称赞她。这样就激发了孩子主动倒垃圾的自豪感，慢慢地形成了习惯，把这项劳动看成自己的一种责任。

让孩子学会对自己的事情负责。有的家庭要求家人洗澡后把换下的衣服放进洗衣机，可8岁的王刚经常忘记，妈妈让他用本子记下洗澡后该做什么事，提醒自己不要忘记。从此以后，王刚再也没有忘记把脏衣服放进洗衣机。可见，当要孩子记住做某事时，与其大人经常提醒，还不如让孩子自己记下要做的事情，这样孩子就会慢慢地学会对自己的行为负责。孩子只有学会了对自己的事情负责，才能逐步地发展为对家庭、对他人、对集体、对社会负责。

让孩子对自己某些行为造成的不良后果设法补救。如小孩损坏了别人的玩具，一定要让孩子买了还给人家，也许对方会认为损坏的玩具没多少钱，或认为小孩子损坏玩具是常有的事，或者不好意思收下孩子的赔偿，但家长应坚持让孩子这样去做，这样可以让孩子知道，谁造成不良后果，就该由谁负责。当然，父母在家中要为孩子树立好的榜样，"言必行，行必果"，这样才有资格要求孩子负责任。

4. 帮助别人就是帮助自己

著名电视节目主持人倪萍说："这些年来，我一直记得姥姥说过的话'帮助别人就是帮助自己'。"

倪萍五六岁的时候，跟着姥姥住在山东胶东农村。胶东的农民特别讲面子，出门走亲戚，大人孩子都要穿得体面。如果没有就只好向邻居家借，倪萍的衣服几乎都被人借过。

有件事对倪萍来说可谓刻骨铭心。一天，倪萍的妈妈给倪萍寄来一双小红皮鞋，倪萍高兴地举着鞋满院子跑，晚上睡觉前，把鞋摆在了窗台上，刚躺下又忍不住爬起来再看看，不知看了多少回后才睡着。

第二天早晨，倪萍一觉醒来，发现窗台上那双小红皮鞋不见了，就光着脚跑到院子里。原来小红皮鞋已经被姥姥借给了邻居爱丽姐了。倪萍急了："我不嘛，这是我妈妈刚从青岛给我捎来的，我还没穿哪，我不给……"倪萍哭着，想立即去要回那双红皮鞋，但被姥姥严厉地制止了……

那天中午，倪萍赌气没吃饭。后来爱丽姐把红皮鞋还回来了，但鞋子已被损坏了。倪萍气病了。姥姥自然心疼，姥姥一边抱着倪萍，一边给她讲道理："做人就要心眼好，帮了人，人家就会记你一辈子。"倪萍从姥姥的表情和认真的话语中中揣摩出这席话有多么重要，于是，那一幕就永远地刻在倪萍的记忆里了。

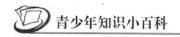

父母必须让孩子知道，只有学会为他人着想，自己有困难时才能得到别人的帮助。

孩子做人的品行是父母带出来的，要求孩子做到的，父母首先要做到，要有意识地让孩子在父母的言行中学会关心他人，帮助他人。

5. 培养有合作意识

合作是以开朗、宽容、善解人意为基础的良好的心理素质和以能先人后己、富有一定牺牲精神和奉献精神为基础的能为他人着想的良好的道德品质。学会合作，不只是一种认识，一种情感，一种态度，更表现为一种行为和能力，是一个人的道德品质和心理品质的统一体。培养孩子学会合作的美德，不仅有利于提高孩子的道德素质、心理素质以及与人共事的能力、适应社会发展的能力，也有利于提高孩子的社会化水平，有利于推动社会的发展和进步。

我国的家庭多为独生子女。孩子成了全家人关注的中心人物，他们也自觉身价百倍，从而滋长了一些特殊化的心态和性格，如脾气大、不合群、与人合作能力差等。有些家长对孩子百依百顺，逐渐养成了孩子以我为中心的不良心理状态。这不仅会使孩子脱离周围的小伙伴和欢乐愉快的生活，而且也影响孩子的进取心，损害他们的身心健康。据对任性、性格孤僻、不合群的孩子的学习状态做的调查，这些孩子成绩好的仅占4%，成绩不好的却占16%。

指导孩子学会合作。在家庭中，要注意淡化孩子的自我中心感，不搞特殊化。引导孩子与家庭其他成员、与邻居、与别人家的孩子平等友好相处。家里有什么好吃的，要与人分着吃，首先应该想到让给长辈。家里来了客人，要请客人先吃。使孩子懂得大家为自己服务，自己也要为大家服务。

要鼓励孩子和小伙伴们交朋友。有玩具大家玩，有课外书大家看，有好吃的也分给其他孩子吃。在一起温习功课、做作业时，谁有困难就去帮助，让孩子在互相接触、互相交往中交流感情，增加知识，互相了解。不要怕他们产生矛盾，要引导让他们自己解决矛盾，增长才干。在孩子与伙伴交往中，应该教育孩子要平等待人、遇事无私、言而有信、严于律己、宽以待人，不可以轻易地怀疑、怨恨、敌视他人。

要鼓励孩子积极参加集体活动。让孩子懂得自己仅仅是一滴小小的水珠，只有汇入集体的江河之中才会有力量。要经常向孩子了解所在班组、学校的情况，班里建图书角，让孩子把自己的书拿去支援。班级办图书角，让孩子把自己家的花献出来，使孩子体会到为集体、为同学出力是一种快乐。从与同学、伙伴相处中感受同学、伙伴间的友爱和集体的温暖，从而使孩子心胸变得开阔起来，性格变得开朗起来，精神也振奋起来。以我为中心的孩子，在集体活动中，和伙伴相处中，可能会出现不顺当、不愉快的现象，但也不要紧，只要经历几次以后，孩子就会意识到在集体中，在与同伴们的相处中，一定要心中有他人，想着他人，从而使他逐步获得与人相处的经验。

6. 做人要自律

19 世纪 70 年代，在法国的瑟儿堡，有一户家财万贯的大资本家，家里有一个男孩，叫维克多·格林尼亚。由于家里有的是钱，父母对他又过分的溺爱，使他从小养成了娇生惯养、游手好闲、娇纵放肆的恶习，成了一个有名的"二流子"。他对学业压根儿就不感兴趣，整天盛气凌人，到处称王称霸，在邪路上越滑越远。

直到有人给了他当头一棒，使他顿然猛醒，毅然下决心痛改前非。

有一天，瑟儿堡的上流社会举行盛大的午宴。维克多·格林尼亚自然是少不了的出场人物，他大模大样地前往参加。在这次宴会上，他对一位姑娘着了迷，傲然走上前去邀请她跳舞。但维克多·格林尼亚万万没有想到，那位姑娘断然拒绝了他，并对他流露出不屑一顾的神态。大概是这位姑娘对维克多·格林尼亚的劣行早有耳闻，故意要给他碰个钉子。这对格林尼亚来说是有生以来的第一次。当时他感到非常狼狈和气恼，简直有点怒不可遏。可是当他打听到这位美丽的姑娘是从巴黎来的著名的波多丽女伯爵的时候，不禁吃了一惊，开始感到了自己的冒失鲁莽。于是格林尼亚走到波多丽女伯爵面前，向她表示歉意。格林尼亚又万万没有想到，波多丽女伯爵竟冷笑了一声，不屑地说："算了，算了，请走远一点！我最讨厌被你这样的花花公子挡住了视线！"格林尼亚羞愧得无地自容。他幡然悔悟，决心与过去决裂，鼓起勇气重走一条新路。他深感自己过去的浪荡生活与优越的家庭条件有关，决定离开瑟儿堡，离开家庭。格林尼亚离开家庭出走时，给家里留下一封信："请不要打听我的下落，让我刻苦努力地学习吧，我相信自己会创造出一些成绩来！"

这时候，格林尼亚的父母终于明智起来了，他们忍痛让自己心爱的宝贝儿子离去，让他去走一条艰苦奋斗的新路，没有阻拦，也没有寻找。

格林尼亚来到里昂，想进里昂大学学习。可是他小学、中学都没有好好学习，根本不够入学资格。但他的诚心和毅力感动了一位老教授，老教授把他留在家里，为他补课。格林尼亚废寝忘食地学习，只用了两年时间就把耽误了的功课全部补完，然后进入里昂大学插班就读。

8年以后，格林尼亚由于以顽强奋发的精神埋头学习和研究，竟取得了惊人的成就，发现了后来以他的名字命名的格氏试剂，里昂大学破格授予他科学博士学位。这一消息轰动了整个法国。他的故乡瑟儿堡更是一片欢腾，他的父母沉浸在幸福之中。瑟儿堡为他举行了盛大的庆祝会。但是这时的格林尼亚仍然为自己少年时代的荒唐行为悔恨交加，觉得无颜见家乡父老，没有回家乡参加庆祝盛会。他再次下定决心，要以新的成就来报答父老乡亲的盛情。

此后的4年里，格林尼亚马不停蹄，勤奋努力，相继发表科学论文200多篇，先后被里昂大学、南雪大学聘为教授。1912年，他荣获诺贝尔化学奖。这时，他收到一封贺信，贺信只有一句话："我永远敬爱你。"这是波多丽女伯爵在病中伏榻写给他的，这使格林尼亚激动万分。他对这位女伯爵当初的严厉训斥和现在的真挚鼓励都无限感激！

格林尼亚更加奋发努力，一生之中著有科学论文6000多篇，对人类科学事业做出了巨大的贡献。

孩子的发展，不仅需要自学、自理、自护、自强，也需要自律。自律在人的成长中占有重要的地位。

7. 培养诚实品格

1918年7月31日，保罗·博耶生于美国犹他州小城普罗沃，普罗沃位于美丽的瓦萨斯山脚下，当时只有1.5万人，在博耶出生前70年才有人定居。

保罗·博耶的父亲戴尔·博耶年轻时身体不好，未能接受良好的教育。他后来经过努力，在洛杉矶接受训练，成为一名骨科医生。博耶的父亲具有高尚的品格，富有同情心，助人为乐，行医时处处为病人着想。父亲教会小博耶逻辑推理和理智分析，教育他要诚实待人、关心他人，父亲还教孩子们钉马掌、种蔬菜。父亲经常带领全家出外旅行，去过黄石公园和其他的国家公园。那时候，父亲开着旧汽车，飞驰在颠簸的道路上，充满了惊险和刺激。父亲不仅用语言，更用行动，给小博耶留下深刻的印象。

博耶的母亲格拉茜·格妮蒙是躲避宗教迫害的法国新教徒移民的后裔。

她是管理和装饰家庭的天才，家里壁炉的炉台就是母亲设计并装饰的。幼年的博耶经常躺在壁炉前阅读知识丛书，凝视着跳动的火苗，在这个极富幻想的环境里，憧憬着灿烂的未来。

博耶的母亲是一位非常宽容的女性，她尊重自己的孩子，对他们可能具有一定破坏作用的"创造"性活动，从不横加指责。博耶儿时喜欢拆卸东西，经常拆碗柜等家具上的绞链和门，他的母亲从未斥责过他，只要博耶答应重新装好就行。

1929 年爆发的世界性经济大萧条给博耶的家庭带来巨大困难，父亲的许多病人交不起医疗费。为了减轻家庭负担，博耶去送报和干杂活挣点零花钱。这一过程中，博耶为送报而买的一辆新自行车还被人偷走了。这一段生活给博耶留下了极深的印象。

博耶的母亲患有阿狄森氏病（慢性肾上腺皮质功能低下综合症），长期生病使得孩子们必须分担家务劳动，帮助母亲做一些家务琐事。在博耶 15 岁生日之后不久，母亲去世了，享年只有 45 岁。肾上腺素可以挽救他母亲的生命，但它诞生得太晚了。这件事对博耶刺激很大，多年后他感慨地说："母亲的死引发了我研究生物化学的愿望。但是我在基础方面的成就多于应用研究，这与我的初衷有些不同，当时我是想在应用方面多作些事情。从这个意义上说，我当初的愿望没有实现。

8. 培养社交能力

在学校里，博耶不仅学到了许多基础知识，而且培养了社会活动能力，他对化学的爱好也初步显示出来。

博耶小的时候学习成绩很好，但博耶并不是一个"一心只读圣贤书"的学生。放学后，博耶和同学们尽情地玩耍，在邻近的院子里充满了孩子们做游戏的喊声。"踢罐头盒"、"骑羊赛跑"、"偷棍子"、"玩玻璃球"、"打棒球"，都是博耶喜欢的活动。在博耶家的后院，他和小伙伴们在树上建筑巢屋，挖地下坑道和秘密通道，建立了一个自己的小俱乐部。屋子后面的小山为喜欢冒险的 10 多岁的孩子们提供了一个玩耍的去处，山间废弃的小屋经常是博耶和他的伙伴们的游乐场所。博耶和小伙伴们有时还带着酸面包团到山里去，用生锈的炉子烤出可口的饼干。大自然的秀丽景色使他们感到心旷神怡，攀登的辛苦和欢乐鼓舞着他们奋发向上。

博耶回忆说："去山区徒步旅行，给我注入登上任何诱人顶峰的强烈欲

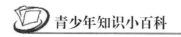

望，这种欲望保持了一生。"

博耶学习优秀，但他并不是人们眼中的"书生"，课外还有一块增长知识、陶冶身心的天地。儿童的天性在他身上同样表现的淋漓尽致。

由于博耶成绩优秀，他跳级升入普罗沃中学。与同班同学相比，他的年岁小，这使他有时很不开心。姑娘们不愿与这个"小矮人"跳舞，而小伙子们也看不起他的身材，认为他不够男子汉的资格。随着时间的推移，博耶长大了，在同学中的地位也提高了。体育课上，同学们戴上拳击手套，展开一场混战。结果，博耶击中别人的点数多于被他人击中的点数，同学再也不敢小看他了。高中后期，博耶的身材和球技，使他成为学校篮球队的成员。

普罗沃中学有大约 500 名学生，学习气氛相当浓郁，但并不呆板而是相当活跃。同学和老师都积极参加各种课外活动。博耶参加了辩论队和学生自治组，高年级时他还担任了班主席。在这所学校里，博耶不仅学到了许多基础知识，而且培养了社会活动能力，他对化学的爱好也初步显示出来。后来，博耶在保持广泛兴趣的同时，对化学更是情有独钟，中学毕业后考入了布里拉姆·杨基大学化学系。这兴趣为博耶打下了化学的知识基础，更重要的是他对化学的兴趣更加浓厚了，并最终选择了化学作为自己的毕生事业。

9. 培养孩子善良品质的方法

1. 角色置换

当孩子把一个小朋友推倒在地，额头突起了一个肿块，痛得大哭时，父母就可以问孩子："如果别人也把你推倒，额上起个大疙瘩，你痛不痛呢？你哭不哭呢？"这就是让孩子去感受别人的痛苦。在启发他想象之后，孩子便会有与被推倒的小朋友调换了位置的假设，心理上会感到一种痛楚，促使其反省而改正其过失。同样，当别的小朋友很希望玩一玩孩子的玩具而孩子不愿借给时，家长也可以问孩子："这个玩具好玩吗？你一定玩得很开心是不是？你看，这个小朋友很想玩一玩你的玩具，如果你借给他玩一下，他也会很开心的呢。你是好孩子，别人开心，你也会开心，是吗？"让孩子设身处地为别人着想，让他把自己想象成别人，那么孩子有可能暂时忘掉自己，产生一定的情感。这需要父母的循循善诱，让他喜欢看到因自己的友善举动让别人获得快乐而绽开的笑容，并以此引发孩子一种满足感和成就感。对于已经上中小学的孩子，角色置换的教育方法仍然可用，只是注意适当加大深度和广度，使他们逐步在思想上认识到"善不可失，恶不可长"、"激浊扬清，嫉恶好善"的丰富内涵。这样，孩子就会慢慢地把别人的痛苦和不幸视为自己的痛苦和不幸，把别人的正当愿望与快乐当作自己的愿望与快乐，使孩子善的品德不断得到升华。

2. 制止独占

为了孩子的健康成长，为了有效地对孩子进行品德教育，父母和家庭中的任何一位成员，请克制自己的情感，理智地将对孩子的爱心深藏于心，不可全然外示，尽量使孩子从小懂得美味食品应当与家人共享，一切孩子喜爱的东西并非孩子个人所专有，避免孩子养成独占独享的习惯和产生家庭中的特权观念。当孩子产生独占独享的行为时，家长必须坚决制止，让孩子懂得他只能享用自己应得的东西，而不能得到特殊照顾。于是，只要家长坚持下去，就可避免孩子私欲膨胀，克服自私心理。现在，有些中学生尤其是高中学生会莫名其妙地指责母亲穿质量较高的服装，说什么："妈妈，你这么大年纪了穿这么漂亮的衣服干什么？这该是我们年轻人穿的呀！老来俏！"不知受孩子如此指责的母亲会作何感想。

这样自私的孩子会爱他的母亲吗？会爱家庭中的其他成员吗？更毋论爱别的什么了。

3. 应有家庭常规

中国古代有所谓"家规"，其是是非非我们姑且不去说它。但党有党纪，国有国法，地区有地方法，村庄有村民公约，则是天经地义，颠扑不破的。为什么现代的家庭便不可有家庭常规？没有规矩不成方圆，没有任何约束力，孩子便可恣意妄为，合情合理的家庭常规对孩子来说是必要的。例如，吃饭的时候，规定首先应请老人、客人入座，好菜应置于老人、客人面前，先盛饭给老人或客人；吃水果和其他食品时，让孩子主动把大的好的送到老人、客人面前。让孩子参与招待客人，客人中若有小朋友，孩子应该拿来糖果分给小朋友，拿出玩具请小客人玩。在日常生活中根据孩子不同的年龄，规定适当的家务劳动方面的任务；出门去游戏，孩子要向家长提出要求，听取家长的意见和关照；外出回来或放学回家要叫"爷爷"、"奶奶"、"爸爸"、"妈妈"，说自己回家了；得到家长允许后才能接受他人的礼物，规定孩子要表示感谢……在这样的家庭里成长的孩子一般都比较活泼、大度、谦让、和善，显得有教养。小孩都爱听称赞他的话，希望自己被人家誉为"好孩子"，所以幼儿园的孩子十分珍惜老师奖给他的纸质小五角星，并且会要求父母一一逐日贴在墙上的成绩表上让家长和客人都来鉴赏；上了小学、中学的孩子则会把各种奖状和荣誉证书置于房内别人一眼便能发现的显要地方。父母对孩子品德方面的良好表现，千万别忘了赞扬、鼓励的话语，但不能过分，更不予物质奖励。"你考100分，我给你十块钱；门门功课100分，我带你到北京去旅游。"这类做法是教育的荒唐，因为这样的结果十分不妙：为得到物质奖励而争取分数，甚至可能因此而不择手段，如考试时作弊，自己在成绩单上改动分数等等，一旦学习上遇到困难，成绩下降，便灰心丧气，甚至会厌倦学习，自暴自弃。不恰当的物质奖励不利于培养孩子的无私品格，反而滋生孩子的利己主义。

孩子在言行上背离了家庭"常规"，家长要给予启发诱导式的耐心教育，使他们懂得什么话该说、什么话不该说，什么事该做、什么事不该做等等的道理。必要的时候，父母要给予孩子一定的惩罚。这里须特别强调家长的表率作用。家长的日常言行对孩子具有潜移默化作用，模仿他人的言行是幼儿和少年的行为特征。言教不如身教的说法十分流行，正是警示家长自身素质要提高。无论是孩子还是大人，做人不能有双重标准，年龄的差别也不是做人标准可以各异的依据。有些父母自己品行不端，却要教训孩子诸多不是。这里并不是说品行不端的父母就不再有责任、有义务教育自己的孩子，而意在希望做父母的注重自身素质和修养的提高。试想：一个孩子某种不规行为正是他的爸爸或妈妈做过的事，做父母的教训他，孩子心里会服吗？性子刚烈的孩子甚至会说："这是你们教的！"此时，即使做父母的送他几个耳光、打他一顿屁股，孩子可能经不起皮肉之苦而"屈打成招"，但内心也仍然不服，甚至会鄙视父母的人格和怨恨父母行为的暴虐。在中国的不少城市，人们往往在公共汽车上看到做父母的怂恿孩子抢座位；父母自己抢两三个座位让孩子落座，对孕妇、老人、残疾人绝不礼让；在公园里，草坪上竖有"小草也是生命，游人请勿践踏"的告示牌，但做父母的视而不见，让孩子进入草坪任意糟蹋，还会偷摘鲜花给孩子玩弄。这里，向我们提示的不只是不少家长不注重在精神、在人格上培养孩子，形成良好的人格和良好的精神面貌的问题，也提出了家长的素质问题。

一位外国哲学家说，善的定义就是有利于人类，利人的品德就是善。在性格中具有这种倾向的人，就是"仁者"。这是人类的一切精神和道德品格中最伟大的一种。因此，当我们向孩子施以善的美德教育的时候，也应当让孩子们知道因救助被人追逐的山中狼而几乎为狼所吞噬的东郭先生，知道《农夫与蛇的故事》和外国民间故事《渔夫和恶魔》。

10. 从小养成好习惯

贝时璋是我国生物物理学的奠基人。父亲在为人处世方面对他小时候的生活习惯有很大的影响。父亲言语不多，生活有规律。他经常告诫贝时璋，存放东西要有固定的位置，以免乱找乱翻浪费时间。贝时璋从父亲那学到了生活有序的好习惯，并一直保持到现在。

缪印堂是漫画大师。有人问缪印堂漫画创作时触动灵感的秘密武器是什么，他自豪地说："小本本随身带。"的确，他喜欢用眼观察，动脑思考和动手记录，而这种良好习惯的养成是与父母的支持分不开的。

小时候，父母看到缪印堂经常把搜集来的画片贴在小本上，并在旁边空白处配上自己的插图，就毫不吝啬地为他买笔、买本子。他喜欢观察人们喜怒哀乐时的表情，爱琢磨人们的心理活动，然后把人们的心理活动通过他们的表情勾勒在自己心爱的小本本上。

如今，缪印堂的小本本已有十几本，上面有自己瞬间的灵感火花：有家长里短的连珠妙语，有搜集的形象或文字材料，或寥寥几笔的勾勒，或寥寥数语的记录。缪印堂把这些都比做"白薯"，他把对这些素材的加工过程看成是"烤白薯"，他说只有将这些"白薯"精心烤至一定的火候，那诱人的香味才会弥漫开来。

在启蒙教育中，人的行为一旦变成了习惯，就会成为人的一种需要，这是一种省时省力的自然力。小学生的成长过程是习惯养成的重要时期。孩子的品德结构由四个部分组成：知、情、意、行。即从道德知识到道德情感，再到道德意志、道德行动。而习惯属于道德行动的范畴。

11. 怎样培养好习惯

习惯的养成是需要技能的，技能包含一系列指标与规范。但习惯培养应当人格化而不能单纯的技能化。应当以健康人格为核心目标，注意观念与情感的培养，使孩子对每一个好习惯都知其然并知其所以然，从而晓之信之践之。

孩子应有以下好习惯：

说了就要做；

耐心听别人讲话；

按规则行动；

时刻记住自己的责任；

节约每一分钱；

天天锻炼身体；

用过的东西放回原处；

及时感谢别人的帮助；

做事有计划，

干干净净迎接每一天。

以"耐心听别人讲话"为例。如果单纯将其培养成技能化的习惯，可以视此为命令或铁的纪律，一旦违反将受重罚。如果按人格化的习惯培养，则重在培养对别人的理解与尊重，使孩子在理解的基础上心悦诚服地遵守。

可以比较一下，技能化的习惯养成会使人机械，缺乏内心的认同与热情；人格化的习惯养成则因为已化为理念，内心会认同也会有热情。简言之，技能化习惯培育的是机器，而人格化习惯培育的是真正的人。

第十一章　让孩子在勉励中健康成长

1. 建立良好亲子关系的教育策略

不少家长叹息：现在孩子实在太难管了，管严了，会顶嘴；管宽了，又会无法无天，到底该怎么办呢？必须注意以下教育策略。

作为家长，教育子女是一项神圣的、义不容辞的责任。绝不能将教育的责任全部交给幼儿园和学校，家长要引导、支持、鼓励孩子在成长中一步一个脚印，由幼稚走向成熟。

儿童生理、心理的发展存在关键期，合理超前就是抓住关键。2－3岁孩子自我意识增强，喜欢自己动手，家长要抓住时机，培养孩子的生活自理能力。其次，要积极鼓励，让孩子获得成功的快乐。父母可以经常运用"你能够""你一定会"等对孩子表示信赖和期望的语言，当看见你所期待的行为发生时，最好马上给孩子一个鼓励，如说声"谢谢"或给他一个微笑，这实际上是在对孩子说："你以后还要这样做！"父母要经常地、有意识地表扬、鼓励孩子每一点、每一次的进步，让孩子不断获得成功的快乐，从而树立孩子的自信心。再次要寻求幼儿发展的突破口，每个孩子都有自己的长处，要扬长避短，在鼓励其长处的前提下克服短处。要让你的孩子感受到你的关心，你的期待，你的可亲可爱，这样，在你充满信任的目光下，在他自信心的基础上，孩子的闪光点会越来越多，会变得越来越可爱，健康地成长。

做父母的，虽然不如学校老师那么有教育孩子的本事，但可以向孩子投入比老师更多的情感。因为老师面对的是一大群的学生，而家长就不一样，可以把孩子抱在怀里教育。

父母首先要了解孩子的爱好，了解他们的喜怒哀乐，了解他们的心理特征、脾气禀性，要针对不同个性，采取不同的教育方法，做到动之以情，晓之以理，多发现孩子优点。只有双方真正了解并理解了，才能使亲子间距离缩短。其次要学会倾听。当孩子与你说话时，你不能心不在焉或者不耐烦，经常打断孩子，应该不时地注视孩子的眼睛。当孩子把高兴的事告诉父母时，要微笑注视，孩子会感到父母在与他分享快乐……认真倾听，会增进亲子间的情感交流，融洽亲子间的关系。再次，抽出时间与孩子一同玩耍。玩是孩子的天性，是孩子的快乐的源泉。父母要创设各种与孩子接近的情景，参与到孩子喜闻乐见的活动中去，在这种融洽的气氛中将爱心与期望传递给孩子，这将收到意想不到的效果。因为在共同游戏、娱乐中，成人与孩子亲密联系，共享欢乐，孩子能自然地打开心扉，推心置腹地将心里话向成人倾诉，自然地就建立了富有情感色彩的亲子关系。

家庭教育对孩子的影响是巨大的，著名教育家蔡元培先生说过："幼年受于家庭的教训，虽微薄细致，往往终其身而不忘。"子女和父母的亲情是促使孩子身心健康发展不可缺少的精神营养。作为家长，要妥善处理好亲子关系，正确把握教育策略，重视家庭教育，才能把你的孩子培养成社会所需的人才。

2. 与孩子一起共同学习

德国理论物理学家马克斯·玻恩，1882 年 12 月 11 日出生于德国普鲁士西里西亚省雷斯劳市，1970 年在哥廷根去世。由于对亚原子粒子的特性作了统计学的系统阐述，荣获 1954 年诺贝尔物理学奖。

对于父亲的教育方法，玻恩曾回忆说：

在我刚 4 岁时母亲就因胆结石去世了，从此父亲理所当然地承担起抚养我的全部责任。尽管外祖母、继母和保姆等人也在我的生活中起了一定的作用，但真正对我的成长起决定性作用的是我的父亲。

我的父亲是布雷斯劳大学解剖学院的教授，是一位工作努力，积极求上进的人。他的工作虽然很忙，但在工作之余，他总是尽量和孩子们待在一起，用他特有的幽默给我们讲述神奇的生命科学的故事，给我们在显微镜下展示一滴脏水中的微生物，使我领略到了生命世界的神奇。最难能可贵的是父亲晚上从不出门，他在家里和我们聊天，用饱满的感情背诵《浮士德》等等。也许父亲是为了让失去母亲的我和妹妹感觉不到母爱的缺失，或者他本人就喜欢享受这份天伦之乐，不管怎样，我们可以从这儿看出父亲内心对我们的深深的爱。

父亲非常注重我们的全面发展，这并不是说他要求我们各门成绩都应十分突出，学习成绩好当然是好事，但成绩好并不能说明一切，他注重的是素质教育。事实上，我中小学时的学习成绩也确实不怎么理想，有时居中，有时甚至在中后。父亲从来没有为此责怪我，他只是在我对机械的兴趣过分浓厚以致影响了其他方面的发展时给予了适当引导，使我能"分出"一部分兴趣和精力来关心其他科目。另外，由于我的小姑姑有精神病，作为生理学教授的父亲很害怕这种灾难会遗传到我们身上。因此他非常注意营造一个宽松愉快的环境，以避免我们不必要的精神紧张，也因此格外讲究教育法。

有一次，父亲外出回来给我带回一条小小的高山蝾螈，他嘱咐我一定要尽心照料这条小生命，每天晚上都要给它喂食物和清水。我非常喜欢父亲送给我的这份稀罕的礼物，我高兴地承担起了抚养蝾螈的责任。在我的精心照料之下，蝾螈平平安安地度过了十多天。可是有一天晚上我参加了一个儿童聚会，小孩子在玩得兴奋起来的时候是会把一切事情都统统忘到脑后的，不幸的是我当时正是这么一个小孩子，结果第二天悲剧就发生了——那条饿了一夜的蝾螈死了！我非常伤心，但父亲没有责怪我，而是适时给我讲了一番有关生死的道理，我以前对生与死一直没有一个明确的概念，蝾螈的死和父亲的话对我触动很大，我猛然间明白了生与死的含义以及由于自己的疏忽使动物的生命蒙受痛苦以至死亡意味着什么。

我十三四岁时曾疯狂地迷恋用积木玩军事游戏。我与表弟一起用积木建造城池，并在城池中设置了两支"军队"，然后双方开始激战。"战场"上的打枪声及爆炸声等一开始是双方的嘴发出的，但很快我们就觉得不够过瘾，于是我们买来黑色火药，但猛烈的爆炸声又使得这种火药刚一试用就遭到了禁止。这一问题没有难倒我们，我们发明了一种新方法，用玻璃管做枪管，然后通过加热使管中的小球飞蹦出去，效果奇佳。我还用电石汽灯照明街道，尽管气味难闻，但却使我们的战场增色不少。这种战争游戏给我们带来了很大的快乐，我们乐此不疲，并在"实战"中不断琢磨新花样。父亲对此没有加以干涉，但在有一天我向父亲夸耀"战绩"时，父亲给我讲了自己在1880年左右在军队中担任军医时的一些所见所闻，他谈到了惨死在战场上的士兵，躺在野战医院里痛苦地呻吟着的伤员，在战火中失去家园的普通百姓，以及他最亲密的战友米切尔的死。父亲平静地述说着这一切，他没有对他所说的这些事附加任何评论，但我从父亲平静的述说背后看到了战争的实质，那就是残酷！从此，我对战争游戏的兴趣逐渐衰退，最终消失殆尽。

16岁那年，父亲病倒了。姑父第二天将父亲的病情告诉了我，我从父亲痛苦的神色及姑父严肃的话语间明白了事情的严重性，心如刀割。对于我来说，母亲的形象在我的心里是相当模糊或者说是根本不存在的，因为母亲死时，我才 4 岁。但父亲的形象在我眼里却是非常伟大和具体的，我一直在享受着父亲对我的无微不至的关爱，我也一直无条件地热爱着父亲。如今，父亲病倒了，他会死吗？

对于父亲来说，身为生理学教授的他当然很明白自己的病有多严重。死他并不觉得可怕，他只是担心自己死了以后，我们该怎么办。尤其是我，从小就有哮喘病，不知道什么时候就要经受一次可怕的发作。另外，我已经 16 岁了，即将面临上大学的问题，父亲把我叫到了跟前，问我有什么打算。我说想当工程师，已经询问了好几所工程学院的情况了，并问父亲有什么看法。父亲建议我不必急着确定今后的学习方向，那样对一个人的发展局限性太大了，不如在大学头一年选修自己喜欢的所有课程，等对科学的概貌有了一个大致的了解之后再确定方向也不迟。父亲说他一直对自己一开始就把全部时间投入专业研究以致妨碍了所有别的兴趣而深感遗憾，他希望我不要重复他的遗憾。

1900 年 7 月，父亲因心脏病突发去世了，可怕的一天终于还是来临了。我觉得空气仿佛突然之间凝固不动了，一连几天，都处于恍恍惚惚当中。继母非常理解我的心情，她告诉我，在这之前，医生们已经不止一次警告她这一结局的随时来临，因此对于父亲的死，她是有心理准备的，她认为她的主要职责不是悲伤，而是如何照料好孩子。继母的话使我豁然开窍：缅怀父亲最好的方式不是悲哀，更不是颓丧，而是振作！于是我开始把全部精力投入学习。当时，我正在上中学的最后半年，半年后，我顺利地通过了中学毕业考试，进入海德堡大学学习。

遵从父亲的教导，我在大学头两个学期选修了许多课：有数学、天文学、实验物理学、化学、动物学、普通哲学、逻辑学和艺术史等。当时德国的大学允许学生自由流动，为了扩大自己在科学和生活上的眼界，我曾在好几所大学听过课。在广泛的涉猎之后，我得出一个结论：自己最感兴趣的是数学、物理学和天文学。在父亲以前的助手拉赫曼博士的建议之下，我立下了要献身于科学研究的决心。而我后来进行的一系列科学研究都或多或少得益于大学时对知识的广泛涉猎，扎实的数学功底更是直接导致我获取重大成就的原因之一。

在大学时我曾一度萌发当天文学家的愿望，但很快就放弃了这一想法，因为我不满足于天文学。至于数学，我从来就没有想过要做真正的数学家，尽管我曾师从数学"三巨头"——希尔伯特、克莱因和闵可夫斯基，但我却只想做一个具有普通数学常识的人，因而我最终还是穿过了长长的数学棘林奔向唯一的奋斗目标——物理学。

我一生中最大的科学贡献是在哥廷根工作的 12 年间做出的。在那里，我同我的学生和助手一起创建了一个人数众多的理论物理学派。1925 年前后，该学派介入量子物理学的发展。

而本人则于 1924 年率先提出"量子力学"这一专业术语。随后的两年间，哥廷根的理论物理学家制定了统计原子力学原理，我建立了"关于自然现象的新的思维方式"，确立了非决定论的思想。

3. 在玩耍中启发孩子

"质量时间"是近年非常流行的一个新概念，它是那些没有时间和孩子常相处，忙碌而又感到内疚的父母的"万能药"，但是还有很多父母对于提高跟孩子在一起的质量时间，存在很多的问题。

如果你只有有限的时间和孩子在一起，当然质量越高越好。但是不能把这个概念绝对化，因为你不可能把太少的时间规划得很好，比如你只有一小时的时间，而孩子正在睡觉或者正是看动画片的时间，你又怎么来提高质量呢？所以质量时间也不是万能的。

父母怎样才能最有效地利用和孩子在一起的时间呢？

一般认为和学龄前孩子在一起的质量时间就是坐下来和他们玩拼图游戏、给他们读故事书，总之是适合他们的年龄的活动，越有点教育意义越好，但这并不一定正确。

在一个父母都有繁忙工作的家庭中，孩子缺少的不是和大人一起玩游戏的时间，而是给大人当"学徒"的时间。因为他每天 9 小时的时间都是在和幼儿园阿姨们玩这样那样的游戏，学这样那样的东西。他们需要的是接触社会，去看邮差投信，看无家可归的流浪汉，看小学生上下学，他们缺少的是和你一起买东西、一起清洗汽车、给花园浇水，甚至就是和疲倦的你一起在沙发上躺着。

如果你坐下来和 3 岁的孩子玩拼图，孩子会很清楚并不是你喜欢玩，你只是作为一种责任。相反，离开你一天的孩子，如果你让他跟着你参与你正常的活动，他才会真正感到妈妈是喜欢和我在一起的。这一点对于和孩子相处时间更少的爸爸更加重要。"小家伙，给我帮忙除草去！"大多数孩子听到这句话，都会兴高采烈地跟在你后面。

怎样平衡质量时间和孩子的自我娱乐？

不同年龄、不同性格的孩子在自我娱乐方面有很大差别，想自己玩的孩子自然就会自己玩，这不用教，但值得鼓励。

为了适应孩子的自我娱乐，你可以让孩子在你旁边玩他的东西，而你干你的事，单独的孩子游戏室对 7 岁以下的孩子并不一定合适。因为他们不愿意完全离开你，他反倒会因为经常想找你而打断他的游戏。当你在厨房做饭的时候，把孩子的玩具抽屉摆在冲着厨房门的走廊上，孩子会聚精会神地用彩笔画画。

还要注意不要打断孩子的自娱自乐，比如孩子的积木还剩两块就摆完的时候，你就催他去洗澡。不能完全指望孩子的活动符合你的时间安排。

很显然电视和录像带在孩子的生活中扮演了重要的角色，如何合理地处理这个问题？

大多数父母都抵抗不住把电视和录像带作为孩子的"保姆"，也难怪工作一星期的父母，堆了一星期的活等到星期六来做，恐怕也只有用一盘录像带能带来 40 分钟的平静。恐怕没有人不这样做过，应该注意的是这个做法很容易上瘾，星期六放了一盘，星期天再放 3 盘，平常的晚上你也会发现放着录像做晚饭多快，这时你恐怕早已忘记了"质量时间"。

电视并不是完全不好，你应该了解什么时候演什么节目，为孩子提前计划好，插入孩子的时间表内，如果有时间可以尽量和孩子一起看，避免孩子看到他们不该看的东西。

计算机是不是孩子的好伴侣？

不应该让小孩子过多地停留在任何屏幕前，因为有很多事情等着他们去做。他们需要在院子里玩耍，掌握灵活运用他们的身体的方法；他们需要和人交谈、看大人做事，通过"过家家"来扮演各种角色，学习各种生活的技能。

当然，社会在发展，孩子也在变化，这些现代化的东西过早进入孩子的世界是好是坏，谁也没有定论。

弹性工作制的产生，使很多父母和孩子在一起的时间多了，但他们发现陪孩子很枯燥、疲劳，怎样才能使父母真正享受和孩子在一起的时光？

对每个父母来说这个问题恐怕有不同的答案，但如果你感到和孩子在一起不是一种享受，那么你的孩子肯定也没有从中得到快乐。

这个问题的部分原因可能是因为你把成人和孩子分得太开：什么时间是我自己的，什么时间是看孩子的。这样你和孩子在一起显得很被动，注定要产生不满足感。

想想你总想做，但没有时间去做的事情，其中有没有孩子的位置。大人们喜欢周末悠闲地整修花园，孩子也是一样。不要把孩子排除在你的世界之外，再专门抽出时间走进孩子的世界。我的孩子从小就喜欢跟我一起做饭。来兴趣的时候，我们就一起做上好多储藏起来，现在他已经是个小烹饪能手了。

无论是事业，还是家庭、孩子，只有主动地去接受、去体会，才能得到其中的享受。

4. 学会亲近孩子

我们做父母的都爱自己的孩子！对孩子的爱往往是我们一生中所体验到的最深重的感情。我们不一定经常能够把这种感情表达出来，但是这种爱肯定在我们的生活中起着巨大的作用。我们与孩子的宝贵关系的中心是我们和他们在一起休息、娱乐和交流的时光。可是父母能与孩子共享天伦之乐的时间总是不够。父母与孩子都渴望有更多的时间在一起。

没有充足的时间和孩子在一起并不是父母的错。在我们的社会里，父母的职能令人遗憾地被低估和误解。大多数父母都期望能致力于小家庭中的温暖、亲密的关系，却发现自己承担的种种职责已足够占去三个人的全部时间。超负荷的工作使父母难得与孩子在一起。父母们煞费苦心地维护家庭生活，却既缺少手段，又难以获得帮助。从长远来说，我们社会的一个主要功能将是为父母们提供他们所需要的手段和帮助，以支持他们尽父母之责。我们应致力于使父母们有可能从抚育子女的努力中得到快乐，而不总是担心自己会失败。

安排专门时间和孩子一起活动的办法可以很好地解决父母难得与孩子在一起的问题，可以较容易而又行之有效地密切父母与子女之间的关系。对于那些沮丧的、经常责备自己不够称职的父母们也是一剂良药。当我们使用专门时间致力于改善与子女的关系时，人所共有的内心深处的对于爱和亲密关系的需求也会得到一定的满足。我们还会充分体验到身为父母的自豪感。由于我们越来越有信心当好父母，由于我们所给予的关注，孩子们就能茁壮成长起来。

安排专门的时间和孩子在一起是以一种活泼的形式倾听孩子。孩子通过游戏向父母讲述自己的生活和感受。从一开始你就要把全部注意力放在孩子身上。这不是漫不经心地玩耍，也不是随意地交流。你要注意孩子的所有表现，包括讲话、表情、语调、姿势、动作等等。

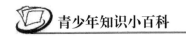

下面具体地介绍一下如何安排专门时间：

1. 安排一段不长的但有保证的时间

其间不能有任何干扰，不能打电话，不理会门铃声，不同时照应其他的孩子，不去沏茶倒水。总之，除了和孩子在一起不做任何事（假如你愿意，你也可以用计时器，表示你一定会保证这段时间只属于你们两人）。

2. 做不会让你烦恼和疲劳的事

在你选定的时间里，应该能让自己大大地松口气，把脏盘子留在洗碗池里，用这个时间好好地欣赏这个由你带进家庭的出色的孩子。

3. 在这段时间里，让孩子有支配你的权力

让孩子知道，他想要你做的任何事你都愿意做。只要是他愿意，无论是他口头告诉你还是示意给你，你都要照着去做。这种颠倒了日常生活中的力量对比的做法能鼓励孩子与你交流思想和感情，这样的交流在日常繁乱的家庭生活中是不大可能进行的。

4. 让孩子知道你确确实实欣赏他

让你的关心、感兴趣和赞许表露在你的脸上、声音和抚摸中。对你的格外热情，孩子可能显得没有什么反应。但不要中止你的表露，不要期待他的感激或对你的感情的回应。孩子会接受你的关心和爱护，并决定在什么时候、以什么方式运用你的爱。

5. 期待新的情况发生

你的话语中所流露的期待和兴趣会鼓励孩子抓住机会向你透露有关他自己的新情况。

6. 要克制自己，不要去干扰孩子玩耍

孩子需要各种机会运用自己的判断能力，自由地体验人生。对孩子的游戏提出修改性建议会妨碍你全面地了解他的思维、行为和情感。只有在孩子所建议的游戏有明显的不安全因素时，你才好做适当的更改。

5. 和孩子建立信任

定期用专门时间倾听孩子，孩子对你的信任感会越来越深。他会向你袒露内心世界，让你知道他对事物的看法和他的感觉。你可能会遇到以下这些情况（顺序可能不同），说明孩子与你在一起的安全感正在增强。

1. 孩子试探你

孩子可能会专挑那种你觉得最无聊或最烦人的游戏让你和他一起玩，看看是否不论他做什么你都喜欢他，他可能要你学滑旱冰，玩电子游戏，或往

厨房的水池里泼水（你最好能找个善于倾听的人听你诉说你为什么不喜欢孩子选中的游戏，以便放松自己的情绪）。当你能兴致勃勃地与孩子一起做他要玩的游戏时，孩子对你的信任感就会迅速增强。

2. 在你的关注下，孩子会探索新的活动天地

父母的关注会使孩子有安全感。孩子常会利用这种安全感来测试自己体力的极限。比如，在床上蹦高；沿着大街走，看自己到底能走多远；把他能拿到的东西扔到泥塘里去，甚至他自己也跳进去。他会利用你的许可去进行充分、全面的探索。

3. 孩子会把重要问题摆到你面前

游戏中，你毫不掩饰的愉快心情和宽松的态度迟早会促使孩子试着触及那些让他烦心的事。例如，如果孩子在医院挨了很疼的一针，在"专门时间"里你就可能看到孩子如何开心地给你狠狠打上几针；如果他在学校挨了老师的训斥，他就可能要"扮演老师"，用老师训他的话和腔调来责骂你。此刻，他是在就一个重要问题与你交流，他已经热切地接受了你的倾听。

4. 孩子会给你提出各种问题

在"专门时间"里获得的安全感会促使孩子向你亮出各种问题，诸如他对权力、暴力、看病、身体不适、离别、饮食、种种偶然的恐惧等问题的看法和困惑。他将在你给予的"专门时间"里通过游戏、谈话和情感的迸发，释放他的紧张情绪。

5. 孩子会表现得越来越依赖于你

孩子会发现与你共享"专门时间"增强了他的安全感，你会注意到他的许多积极的变化。比如，对生活更加热爱，更怀有希望和激情，能与你交流思想、分享成功的喜悦。孩子自己也会注意到这些变化，还会要求你更多地关心他，帮助他保持良好的自我感觉。一天内，他会频繁地争取你的关注。他会毫无顾忌地向你显示对你的依赖，或暴露自己从婴儿期就开始缠绕他的莫名的恐惧，比如害怕黑暗。这看起来像是他"退步"到了行为举止更不成熟的地步似的，会使你很烦躁，但实际上这是一个进步。说明孩子已通过"专门时间"建立起对你的信任，敢于对你透露他一直在独自承受的困难处境，能向你求助解决这些重要的问题了。

6. 你以为孩子已经解决的问题可能会重新出现

孩子想要对父母诉说自己的困难时，得到的反应常常不是话题被岔开，就是不被重视，或被责骂，或无人理睬。孩子最终只得放弃想得到帮助的打算，采取某些习惯的方式或重复某些行为使自己在困难处境中不会感觉太糟。

当你们的关系（通过"专门时间"）得到改善，孩子有了较强的安全感时，他就会决定要取得你的帮助，要你倾听他。他将不仅仅在"专门时间"里要你听他诉说，而是只要一有烦心事，就会开始抱怨、发怒或哭泣。在他看来，你肯定能接受他，因此，他再也不能隐藏自己的坏情绪了。

6. 教会孩子在阅读中增长智慧

对孩子来说，书面语言是一种抽象性符号，而正是这种符号成为保存和发展人类文化的重要工具。从阅读角度看，书面语言可以反复阅读和推敲，有利于读者理解复杂的理论、繁杂的公式。书面语言有时比口头语言具有更强的直观性。人获取信息的 100% 来自视觉，书面语言信息的获得更是具有特殊意义。因而帮助孩子尽早学习和掌握书面语言是每个家长培养孩子的重要任务。而要做到这一点，首先要使孩子对书面语言真正产生兴趣。

约翰全家这一周都在风光旖旎的夏威夷休假。尤其令他难忘的是在海滩上发现的不少千奇百怪的螃蟹，大的、小的，椭圆形的、方形的，黑色的、灰色的。但让约翰遗憾的是，大部分的螃蟹都叫不上名，甚至作为海洋生物学家的妈妈也有不少叫不上名字。妈妈讲，她是专门研究鱿鱼的，对螃蟹的种类不了解，但家里的大百科全书里肯定有。约翰想，这东西可真厉害，比妈妈还厉害。

一回到家，约翰就要妈妈找书给他看，"哇！"书里面有这么多的螃蟹，约翰在海滩上见到的几乎都能在里面找到，还有许多约翰根本没见到过的。在妈妈的帮助下，约翰知道了这些螃蟹的名字、习性、寿命等许多知识。妈妈又给他买来了《格林童话》、《安徒生童话》，约翰沉浸在白雪公主、卖火柴的小女孩的故事中，不知不觉发现自己已经能认识很多字了。妈妈又给他买来一本柯林斯英语词典，以后只要看到不认识的字就可以向它请教了。现在，约翰开始自己翻阅大百科全书了，尽管有些词不明白，可借助于词典的帮助，基本内容都能理解了。一次，学校生物园里一只猴子生病了，就是约翰首先发现并向饲养员指出病症原因，饲养员当时根本没在意这个一年级小孩子的话，可后来生物学老师的判断竟和约翰几乎一样。从此约翰的名字在学校传开来。

从约翰的故事，可以总结出以下经验：

（1）将求知欲与文字要求结合起来

孩子都有旺盛的求知欲，当家长适时地告诉孩子，他想知道的事情在书本里有很好的解答时，孩子就会产生接近本书的强烈要求。

（2）循序渐进的原则

（3）趣味性原则

一般来讲，孩子对童话、寓言比较感兴趣。可从感兴趣的地方入手进行教育，家长在讲完一个有趣的故事后，可以对孩子讲这个故事在某本童话书里可以看到，指出故事出处，让孩子自己看书，孩子慢慢就会对书发生兴趣，当朗读达到一定能力后，就可以自行阅读了。

（4）以身作则的原则

孩子爱看书，固然值得欣喜，但是孩子从书上究竟得到什么，才是父母真正该留心的。书的内容，传播的知识、观点正确不正确，孩子有没有以偏概全、断章取义、不理解或是误解书中内容，都是父母必须了解的，要了解这些，除了事先看过书以外，和孩子讨论书中的内容及心得是一个最佳的方法。

在讨论的过程中，父母应站在协助立场，用一些话语引导孩子去说，去思考，一步一步帮助孩子澄清疑点，表达心得，扩大孩子的知识领域及想象空间。具体来讲，有以下几个重点：

和孩子讨论书中情节或让孩子复述书中大意，特别是图画书、故事书，假如孩子能够清楚、正确地叙述大意，表示他已正确吸收了书中的内容；就书中某一角色或正反角色进行讨论，并说出自己的看法；也可以让孩子说出这本书或这个故事中他最喜欢的角色及理由，让孩子说说读完此书的心得、感想；对已上学的孩子还可鼓励他写下感想，这对孩子的表达能力和写作能力都有很大帮助。

7. 重视孩子智力与能力的发展

孩子的学习活动是一个复杂的心理活动过程，不仅需要敏锐的感知、丰富的想象、灵活的思维和牢固的记忆，而且也需要热烈的情绪、坚韧的毅力以及稳定而集中的注意。浓厚的学习兴趣能使孩子学习过程中的各种心理活动处于最佳的工作状态，使他的注意力高度集中，专心致志，主动持久地观察，积极思考，甚至达到废寝忘食的地步。它能使孩子们获得良好的学习效果，更好地掌握所学的知识和技能。

学习积极性高的孩子，他们往往善于思考发问，能够灵活运用已学知识，举一反三，触类旁通，智力发展也快。反之，对学习缺乏兴趣的孩子，往往

不善于思考发问，死记硬背，所获得的知识往往不利于智力发展，甚至还会阻碍智力发展。

8. 注重培养孩子的非智力因素

人的成材需要两方面的因素：一是智力因素，包括观察力、记忆力、思维力、想象力、注意力等；二是非智力因素，包括动机、兴趣、意志、情感和性格等。

有些孩子看上去很聪明，可就是不愿读书，成绩也不太好，多数不是因为智商低，而是因为非智力因素不强。

有些家长望子成龙，用大量的时间开发孩子的智力。开发智力固然重要，但是只抓智力而忽视非智力因素，对孩子成材也是有影响的。人能否成材，不仅依赖于智力因素，也要依靠非智力因素，在一定程度上非智力因素的作用更大。特别是意志力、韧性、进取心、自信心，这对孩子的前途发展更为重要。一般来说，智商正常的群体中，谁的非智力因素高，谁成材的可能性就大，甚至智商稍差，而非智力因素强，也能超过智力强而非智力因素差的人。

智力因素与非智力因素就如同人的两只手，缺了哪一个也不行。在重视开发孩子智力的同时，也要注意对孩子非智力因素的培养，这对孩子的未来发展很有好处。

9. 了解美国的家庭教育特色

一位中国学者曾去美国访问，深切感受到美国父母非常注重培养孩子的独立生活能力和动手能力。一天，他的邻居过来兴奋地告诉他，她两岁的儿子卡瑞会用剪刀了，还会抹胶水了。这位学者过去一看，发现床单被剪了好几个洞，胶水也被抹得到处都是，这位母亲并没有因此责怪孩子，而是称赞孩子敢于独立尝试的勇气，然后再告诉孩子怎样合理地使用剪刀和胶水。两岁的小卡瑞已经会自己洗澡了，母亲帮他兑好热水，把衣服脱掉，卡瑞自己爬到澡盆里，玩了一会儿，就自己往身上抹肥皂，问他用不用帮忙，他认真地摇了摇头。抹完肥皂，又用水冲洗，擦干净，爬出了澡盆。

一个只有两岁的孩子竟然如此熟练而迅速地洗完澡，这是由于父母从孩子很小的时候就有意识地培养孩子独立生活的能力。美国父母对孩子的关怀也是无微不至的，这可以从他们为孩子设计的各种精巧的玩具中体现出来，但是他们绝不代替孩子做孩子自己可以做的事情。通常美国孩子大约一岁半就自己吃饭，一把专用的高背靠椅，一个大餐巾，孩子想吃多少就吃多少，吃少了就说明孩子不饿，并不追着喂。

美国人在孩子刚刚出生时，就开始培养孩子的独立性，让他们与父母分床、分室而居。有的家庭在婴儿房里安装了监视器，孩子的一举一动父母可以看到。在孩子逐渐长大的过程中，不断刺激孩子的欲望，"你想做什么，你可以去做，你可以失败。"无论是孩子蹬被子也好，还是玩泥巴也罢，都不去管，正是这种日常事件刺激着孩子的欲望。

在美国，十几岁的孩子独立承担大人的一些事情是常有的事，他们可以独立开车，独立做一些事情赚钱，这些都是父母从小培养独立性的体现。

在处理与孩子的关系方面，美国父母与孩子关系更为平等。他们与孩子谈话语调平和，从不大声训斥孩子。即使在孩子做了错事时，也是循循善诱，反复讲道理。孩子承认错误并表示悔改后，父母总是说声："我们爱你。"

美国父母认为最重要的是给孩子爱，尊重孩子的自尊心。所以，父母总是把"对不起"、"请原谅"、"谢谢"之类的字眼挂在口头上。

由于得到父母的尊重和爱护，美国孩子从小就可以参与家庭的各种活动，并提出自己的意见。比如，家庭购买什么样的家电、汽车，如何布置房间，孩子都可以以小主人的身份与父母商讨，父母也都愿意倾听孩子的意见，对孩子正确的想法和行为给予充分的肯定。一位美国朋友对我说："不要强制孩子做不愿意做的事情，那会伤害孩子的感情和个性。"

美国的家庭教育特色，当然有利有弊，如果我们吸收其有益的经验，应用到中国的家庭教育中去，一定会取得新的进展。

10. 培养孩子的主见

在孩子的成长过程中，家长要注意体察他们的内心世界，尊重他们的自主要求，如果一味按照自己的想法为孩子规定一个学习和生活的模式，孩子的依赖性就会越来越强。这样的孩子长大后，很可能会是一个优柔寡断、遇事毫无主见的人。

但是有相当一部分家长习惯于事事为孩子做出决定，而很少征求孩子的意见，一旦孩子不遵从，就大加责备。其实孩子有孩子的想法，家长在任何时候都要让孩子充分表达自己的意愿，给他自主思想的机会。

例如：带孩子去超市购物，可以问他想买什么；孩子洗澡前，可以问他应该做些什么准备；带孩子出门，可以问他想乘坐什么交通工具；带孩子去旅行，可以问他自己觉得要准备些什么东西等等。

很多家长在要求孩子做事时，往往喜欢使用命令句式，如"就这样做吧"、"你该去干……了"。这种语气会让孩子觉得家长的话是说一不二的，自己是在被强迫做事，因此缺乏了主动性。

家长不妨将命令式语气改为启发式语气，如"这件事怎样做更好呢"、"你是否该去干……了"，这种表达方式会让孩子感觉到家长对自己的尊重，从而引发孩子的独立思考，按自己的意志主动处理好事情。

耐心倾听孩子讲话，鼓励并引导孩子自由地表达思想，既体现了家长对孩子的尊重，同时也能有效地培养孩子的自主性。家长可从以下几个方面加以注意：

幼童大都喜欢唠唠叨叨地讲他见到的一些人或事，家长千万不要嫌孩子啰嗦，因为这种"唠叨"恰好是孩子自主意识的最早体现，他是试图向成人表达他自己对这个世界的看法。因此，家长不仅要耐心听孩子的"唠叨"，还要鼓励孩子多"唠叨"。

不少家长在听孩子讲话时，有时会觉得孩子的语句、用词不够成熟，喜欢抢过孩子的"话头"来说，这样做无疑是剥夺了孩子说话的机会，同时也会让孩子对自己的表达失去信心。

因此，在孩子说话的时候，即使他词不达意，家长也应让孩子用自己的语言把意思表达出来，而不能抢做孩子的"代言人"。

家长可随时随地提醒孩子注意观察事物，给他们探索世界的机会，观察之后，还应问一问他看见了些什么，学会了些什么。当孩子向家长叙述时，家长留意倾听并适时点拨，会令孩子得到鼓舞。

当孩子为自己所做的事与家长争辩时，家长千万不能斥责孩子"顶嘴"，要给孩子充分的辩解机会；当孩子与他人争吵时，家长也不需要立即去调解纠纷，可以在旁聆听和观察，看他说话是否合理，是否有条理。这对培养孩子独立思考的能力大有益处。

家长对孩子自主选择的尊重，可以随时随地体现在最简单的日常生活中：

在不影响孩子饮食均衡的情况下，家长可以让孩子自己选择吃什么。例如在吃饭后水果时，家长不必强迫孩子今天吃苹果，明天吃香蕉，而让孩子自己挑选。

家长带孩子外出玩耍时，在保证安全、健康的前提下，可以让孩子自己决定穿什么衣服，切忌随自己喜好而不顾孩子的感受。

不少孩子在玩游戏时，并不想让成人教给他们游戏规则，更愿意自己决定游戏的方式，并体验其中的乐趣。家长可让孩子随意，从以上这些日常小事中锻炼孩子的自主意识，逐渐帮助他成为一个有主见的人。

11. 把握对孩子严格要求的要点

对孩子严格要求，这是家庭教育的一条重要原则。但是，必须做到：

1. 严而有理。父母对子女提出的要求要合乎情理，切忌滥用家长权威。

2. 严而有方。教育子女要讲究方式方法，切忌简单、粗暴和打骂。

3. 严而有度。要根据孩子年龄特点、心理特征、个性差异把握尺度，切忌随心所欲或脱离实际的过高要求。

4. 严而有格。提出的要求要明确、具体，让孩子明白应该做什么，怎样做。也就是讲究方法、经验、规律，切忌老生常谈，空洞说教。

5. 严而有序。父母对子女的要求，要由低到高，由少到多，由易到难，由近到远，循序渐进，逐步强化，切忌急转弯，走捷径。

6. 严而有恒。做到自始至终，坚持不懈，切忌时紧时松，忽冷忽热，更不能朝令夕改。

第十二章　培养孩子的个性与自信心

1. 形成自己独特的个性

功夫不负有心人，海明威辛勤的汗水终于浇灌出丰硕的果实。

欧内斯托·海明威是世界大文豪，至于他究竟是怎样写作的，美国两位大作家是这样说的："早在 1922 年，海明威还没有成名时，"庞德说，"海明威的诗写得非常好，他不愧是当今世界上最优秀的散文文学家。"杰出的散文家乔伊斯赞扬说："海明威表现的形式的背后含有远比人们所能想象的要多得多的内容。"总之，海明威已形成了自己独特的风格。

然而，有着独特性格的海明威也是一步一步走过来的。海明威父亲不仅学医，而且爱好体育运动；母亲讲究艺术修养。在父母的熏陶下，海明威在学校里体育和音乐的成绩都是优异的。但与父母不同的是，他从小就很喜爱文学，读初中时，就当上了校刊的编辑，并经常向报刊投稿，立志要成为一个有作为的大作家。

初中毕业后，海明威去报馆当见习记者，这为他练习写作进而不断地提高写作水平创造了良好的条件。第一次世界大战爆发后，他参军赴欧洲作战，不幸在战场上负伤，作了 20 多次手术。然而，这并没有阻止他写作的热情。战后他来到了巴黎，又开始刻苦写作。有时他竟一天写几个短篇小说，但寄出去后又都被退了回来。可他从不气馁，仍然坚持不懈地写呀写，终于从失败中总结经验，创造出一种独特的写作风格，人称"海明威风格"。他的作品语句精炼、生动、优美。另外，由于海明威总是用单腿站立写作，所以人称他是个站着写作的作家。

一分汗水，一分收获。海明威辛勤的汗水终于浇灌出丰硕的果实。1926 年，海明威完成了《太阳照样升起》，被认为是少数几本能够影响人们言行方式的书之一，书中的女主人公布雷特成为整整一代女大学生语言和行动的偶像。而 1929 年出版的长篇小说《永别了，武器》，发行 28 万册。《太阳照样升起》代表着"迷惘的一代"的情绪，而《永别了，武器》是它的继续，从主人公参战的痛苦经历追索"迷惘"的社会原因。这两部作品文笔流畅，语意深刻，立即引起许多人尤其是青年人的共鸣。对于文字，海明威精益求精。为了使《永别了，武器》这部长篇巨作最后一页的氛围感到满意，他竟然曾尝试了 40 个不同的结尾。几易其稿，他终于把一个简单的战时意大利的场面变成了充满诗意的散文，并把这种气氛保持到小说的最后一句话。

海明威被称为第一次世界大战后"迷惘的一代"作家的代表，这些作家在参战过程中身体和心灵都受到颇大的创伤，因而产生悲观、绝望、万念俱灰的心理。但海明威还不是个悲观主义者，他从所写的人物身上及所描写的社会里，认识到有压迫者和被压迫者两个世界存在。然后又把这些认识充实到自己的作品中，为写作创造了基础。

2. 培养孩子的独立性

性格是人对客观现实的稳定的态度以及与之相适应的习惯化了的行为方式。《三国演义》中描述了一个著名的"空城计"的故事。在这个故事中马谡的高傲自大、刚愎自用；孔明的灵活机巧、沉着镇静；司马懿的遇事多疑、谨小慎微；都是不同性格的表现。在我们的学习生活中，有的人认真、勤奋，有的人马虎、懒惰，有的人谦虚、自信，有的人骄傲、自负……也都是不同性格的表现。

性格是有好坏之分的。有的孩子热爱班集体，关心别人，助人为乐，自然会受到大家的赞扬；而有个别孩子自私自利，以自我为中心，事不关己高高挂起，当然会受到大家的批评。人们的性格特点是丰富多彩的。性格的特征有许多，这些特征结合在一起构成了比较复杂的结构。为了研究的方便，心理学家们将这些特征进行了归类。一般认为，构成性格结构的特征有四个，他们分别是：对待现实态度的性格特征、性格的理智特征、性格的情绪特征和性格的意志特征。

对待现实态度的性格特征主要包括三方面：第一方面是对社会、集体和他人的态度中表现出来的性格特征。属于这方面的性格特征有：集体主义与个人主义，诚实正直与虚伪，富于同情心与缺乏同情心，豁达大度与心胸狭隘等。第二方面是对劳动和工作态度的特征。属于这方面的特征有：勤劳与懒惰，认真仔细与马马虎虎，沉稳持重与鲁莽冒失，富于创新与墨守陈规等。第三方面是对自己的态度的特征。属于这方面的特征有：自信与自卑、谦虚与骄傲等。

性格的理智特征主要是指人们在感知、记忆、想象和思维等认识过程中表现出来的性格特征。如在感知方面，有的孩子在观察客观事物的时候不易受到周围刺激物的干扰，坚持按自己的任务和目的进行观察；有的孩子则受环境刺激的影响很大；有的孩子在观察事物时，特别注意事物的细节；有的孩子则注重事物的整体和轮廓。在记忆方面，有的孩子对直观形象的内容记忆效果好；有的孩子则善于对抽象内容的记忆。在思维方面，有的孩子善于自己动脑筋，独立思考；而有的孩子则喜欢照搬现成答案。思考问题时，有的孩子善于分析；有的则善于综合。在想象方面，有的孩子敢于大胆想象；而有的孩子在想象时比较保守。

性格的情绪特征，即性格在情绪上的表现，它是指人们在情绪活动时，在强度、稳定性、持续性以及主导心境等方面表现出来的性格特征。在情绪强度方面，有的孩子情绪活动一旦发生就比较强烈，行为受情绪所左右，难于控制；有的孩子的情绪活动就比较微弱，容易控制。在情绪稳定性方面，有的孩子情绪比较稳定；有的孩子情绪经常起伏波动。在情绪的持久性方面，有的孩子情绪一经引起，持续时间就比较长；而有的孩子则持续时间比较短暂。在主导心境方面，有的孩子经常处在饱满、欢乐、愉快的情绪之中；有的孩子可能是抑郁消沉、多愁善感。

性格意志特征是指人在自觉地确立目的，调节自己的行动，克服各种困难以达到目的的过程中所表现出来的性格特征。性格的意志特征有四个：第一是对目标的明确程度的特征，如目的性或冲动性、独立性或受暗示性等。第二是对行为自觉控制水平的特征，如主动性、自制力等等。第三是人在紧急或困难条件下所表现出的意志特征，如沉着、果断、勇敢或惊惶失措、优柔寡断、胆小怯弱等。第四是对执行自己决定时表现出的性格特征，如有人在执行自己的决定时能够持之以恒、富于坚韧性；而有人则表现出执拗、顽固的特点等。

在现实社会中，每个人的性格都是由这些特征的不同组合构成的。正是这种不同的组合，才形成了人们在性格上的各种差异。

性格的各种特征往往彼此制约，相互影响。例如，意志坚强的人往往勤奋、不怕挫折、守纪律。而情绪稳定乐观的人，又往往是意志坚强的。

3. 勇敢与自信

1888 年 11 月 7 日，在印度南部马德拉斯省的特里奇诺波利，亚洲第一个诺贝尔奖得主，与甘地、泰戈尔和尼赫鲁齐名的大科学家 C. V. Raman 拉曼来到了人间。父亲是维察卡帕坦姆 A. V. N. 学院的数学和物理教授。拉曼是一个智力过人的孩子。从小就受到浓厚的学术气氛熏陶，喜欢探索自然界中的神秘现象。懂事后，醉心于科学研究中的严密推理思维和设计巧妙的实验方法，学习特别努力，很快就结束了中等教育生活，以 14 岁的年龄进入马德拉斯省立学院攻读大学学位。只用了两年时间，就以第一名的成绩通过了文学学士考试，同时获得物理学金质奖章。19 岁那年又得到了硕士学位，赢得很高荣誉。

受父亲职业和环境的影响，拉曼自小就对科学产生浓厚的兴趣，他崇敬科学家，也喜欢音乐和乐器。音乐把人引入一种美好境界，令人感到欢快，使人的灵魂得到净化。但同时，在拉曼的心目中留下了一些问题。为什么琴和鼓能演奏出那样丰富多彩感人的乐章呢？是否可以从物理学的角度揭示这个秘密？声音的特性与本质又是什么？这些心中的疑问形成了拉曼早期的科研方向。

拉曼的母亲是一个具有良好教养的人。她懂得孩子品德的培养是未来事业有成的决定因素。她更清楚母亲对孩子的培养在某些方面是起主导作用的。拉曼的自信心和强烈的个性就得益于母亲。因此，在他因健康原因，不得不放弃专职科学工作而去政府财政部任文职职务时，还坚持自己的科学研究。

4. 培养孩子自信心

父母的教养态度与子女的学业成就有密切的关系，父母的教养态度愈适当，其子女的学业成就也越高。

父母如能对子女的课业给予督促、关心及鼓励，就能激发其学习兴趣，从而会有优异的学习表现。积极的教养态度对子女认知复杂的问题也有影响，例如资质高、悟性强的子女，父母倾向于给子女更多的自主权。

父母的教养方式是影响子女成就的重要家庭因素之一。在探讨父母对子女的教养方式时，大致分为父母对子女的态度及管教方式两方面。对子女的教育态度是指父母的接纳或拒绝、温暖或冷漠等，而管教方式则指所用的教养方法，如民主、放任或专制等方法，这二者应是相辅相成，彼此相关。父母的接纳、关爱及和谐的家庭气氛，可以使孩子有较大安全感，增进其学习信心和动力。相反，如果父母关系不正常、家庭不和谐，则子女将会丧失安全感，与父母发生冲突或产生仇视，甚或出现不良社会行为。

父母的教养方式对孩子的生活适应、学习行为及成就动机，具有重大的影响。父母言行及对子女的社会期望，便构成子女学习及社会发展的生活动机。教养方式之好坏，直接影响子女各项能力的发展，也成为日后子女成就高低的决定因素。积极的教养方式，有助于孩子建立明确的自我观念，培养自信心，从而养成良好的生活适应能力。

管教态度影响子女的学业成就，积极的管教态度与子女的高成就互为因果关系。拒绝、专制等消极的态度对子女人格特质有不良的影响，而温暖、接纳、鼓励等积极的教养态度则对子女的人格特质有良好的影响。良好的教养态度，例如信任、关爱、鼓励、支持、亲近、尊重等，对子女成就产生有利影响，子女的高成就又成为良好回报，使父母更加喜欢使用原有的教养态度。同样的，消极的教养态度，例如，冷漠、拒绝、惩罚等则与子女的低成就互为因果，形成不良循环。

父母亲的关怀与资质优秀孩子的学习动机及学习态度有明显的关系。研究发现，资质优秀孩子的父母教养方式，"爱护"方面比"要求"方面对资质优秀孩子生活适应、学习行为与成就动机更具影响力。

优异孩子能力发展与父母对子女的态度成正比，父母的教养方式不但是资质优异孩子各项能力发展的准备，也是孩子社会适应能力高低的决定因素。若父母能给予孩子适当与充分的爱，则可维持孩子心理的稳定，其各项能力才有发展的可能；同时父母的教养方式适当，能使孩子学业与智力得到良好的发展。

一般来说，父母的教养方式可分为几种类型，例如，可分为放任式、权威式及民主式，又可分为权威式与关怀式。而较为积极的教养方式是民主式或关怀式的。民主式的教养方式乃是父母对待子女恩威并济、宽严兼施，依子女的兴趣、能力及需要，满足合理的要求，也尊重子女处理自身事务的方式和结果，与子女关系亲密。

这种教育的方式往往会使孩子养成独立的个性、善于适应生活、保持稳定的情绪与养成良好的习惯，有助于资质优异孩子的发展。关怀式的行为包括：父母能了解子女、接纳子女，对子女有积极的评价，时常给予子女适当的赞美，能设法帮助子女解决困难及消除他的烦恼，子女也很信赖父母，遇

困难喜欢向父母求教。、

教养方式一般可分为两类：第一类是运用爱的方式，借助于亲子之间的关爱，影响子女的行为；第二类是运用父母的权力影响子女的行为。爱的方法是较为积极的方法，因爱的方式常导致内在的反应，形成个人的责任。正如莱文指出的那样，缺少鼓励和支持，有天才的孩子的才华可能就会随年龄渐大而趋于消失。但爱并不是过分保护，如果事事干涉、包办，孩子可能无法独立自主而变得过分依赖他人。

因此我们可以看出，父母教养方式的影响，在和谐的家庭气氛中，父母的关爱、鼓励，以积极的态度教养子女，可以让子女感到安全，建立积极的自我观念，并有较大的抱负及成就动机，而有助于适应生活、人格发展及学业表现。积极的态度要加上适宜的教养方式，例如，民主式的、关怀式的方法，给子女以独立自主的空间，子女的能力才得以更充分的发展。

对孩子的教养方式除考虑态度及方法的影响之外，家中的读书环境、文化氛围，也是有利的因素，而社区资源，如图书馆、科学馆、博物馆、剧院、美术馆、电台、电视台、政府中心等机构，也均可充分运用而达到提高教养子女的效果，甚至于像兄弟姐妹的关系及相互影响，也是影响子女成就的因素。兄弟姐妹具有良好的关系，彼此鼓励学习，甚至积极地挑战，对子女的成就有积极的作用。如果彼此过分激烈地竞争比较，也有可能产生压力，对子女造成消极影响。

通常，高成就孩子常为高潜能的孩子，而高潜能的孩子需要因材施教，但在学校班级的大环境下，一个老师要照顾许多孩子，个别化的教学实在不易做到，克服的良方就是家长参与，因为家长最关心自己的子女，面对一个孩子，又长时间与子女相处，若能参考高成就孩子家庭教养子女的成功经验，将可发挥家庭影响的积极作用，帮助子女发展其潜能，成就其一生。

5. 自信心是孩子性格的核心

父母应该为孩子营造一个良好的家庭氛围，让孩子生长在充满活力、温馨宜人的家庭中，使孩子随时能够感受亲情、感受温暖，这样才能促进孩子的健康成长。

有研究表明，当孩子处于轻松愉快的状态时，记忆会增强，联想会丰富，学习效率会大大提高，学习潜力得到发挥。家长能否让孩子学会正确对待自己、正确评价自己，使孩子产生责任心和使命感与家长自身的学识是否渊博

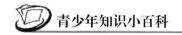

有直接关系。

一个普通日子，但对于一位母亲的儿子来说，这个日子却近似恐怖。这位小学生一想起下午的三节语文课，就一点也开心不起来。他母亲说："孩子中午放学一回家，情绪就非常差，说再也不想到学校上学了。"

后来父母了解，孩子不喜欢语文课，原因非常简单：语文老师太严厉。有一次，孩子没完成作业，老师罚他抄了5篇课文。因为上课时和同桌悄悄说了一句话，孩子被罚站了一节课。这位老师订了一条规矩，家庭作业写错一个字，罚写20遍，课堂听写每错一字，罚写50遍。高压之下，孩子由害怕老师逐渐开始对她所教的语文课也产生了厌恶和恐惧心理。

在传统教育理念中，惩罚一直占有重要地位。有专家调查发现，在农村小学，老师体罚学生的现象非常普遍；在城市，虽然老师对学生体罚的少，但诸如罚站、罚抄写课文等软性体罚仍是惯用的手段。一些教师恨铁不成钢，出于督促学生学习、纠正其不良习惯的本意，用惩罚的手段对待他们的错误。殊不知，这种简单的教育方式可能会对学生心理造成严重伤害。类似情况在中小学生当中比较普遍。济南匈柳一中有位男生，英语学习成绩一直不错，是英语老师的得意门生，仅仅因为一次考试成绩不理想，英语老师在全班同学面前对他进行处罚，他感到自尊心受到了伤害，从此改变了对这位老师的看法，也失去了学习英语的兴趣。

教育学者认为，家长对孩子期望过高，保护过度，管制过严，特别是负性评价过多，会影响孩子的自我评价，挫伤其自尊心和自信心，使孩子或者胆小退缩、经不起挫折，或者凶狠残暴，对他人和社会充满敌意，表现出极大的攻击性和破坏性。

自信心是孩子性格的核心。孩子如果缺乏自信，非但在学习和工作上难以取得成功，在生活中也很难有幸福感。得到他人的欣赏，是人内心的渴求。所以，父母或教师在日常的教育工作中，应当采用积极的激励措施，放大每一个孩子的优点，使他们在肯定中获得自信，产生前进的内在动力。

有人问那位常被老师罚写错别字的学生：

"如果你是老师，你会怎么对待那些写错字的学生？"

"会写不就行了吗，为什么要逼他们写多少遍呢？"

"对不遵守纪律的学生，你会怎么处理？"

"谁遵守纪律，我奖给谁一朵大红花！"

这同时使笔者想起身边的一个真实的故事：

张晓东考上贵州师范大学，一跃而成为"天之骄子"。这时偶然结识社会女青年王某，王某"一见钟情"爱上了他，每次见到他就纠缠不放，几次在其学生宿舍夜深也不回家。同学们怕影响不好及受到学校处分，便劝其回家，可是怎么说也不起作用。后来一次深夜滞留时，两个同学忍无可忍，用武力把她强拽出校门并送回家。但是却遭到其父母的破口大骂，认为是学生诱使其女儿夜不归家。

可是这个女孩不愿回家的原因就如上例中的孩子一样，回家面对的是"苦脸和冷漠"，她怎么能感受大家庭的温暖呢？这些父母都不考虑自己是否给子女一个良好的家庭氛围，而只一味的责备孩子不肯归家。不寻求自身的原因，不检讨自己，这样的父母怎么能教育好孩子呢？

教育是一个使教育者和受教育者都变得更完善的职业。没有家长的主动发展，就很难有学生的主动发展；没有家长的角色转变的成功，也就很难跟上时代的步伐。随着社会的进步和发展，家长也需与时俱进，用新的理念来教育孩子。只有这样，才能培育出全面发展、高素质的下一代。

6. 培养孩子自信心的重要性

一所著名大学里的教授夫妇，他们对高明这个唯一的孩子要求和教育都极为严格，他们要把孩子培养成一个能够超越父母更有成就的人，但天不遂人愿，高明的成绩始终不是很好，考大学连考几年，都是名落孙山。高明失望了，但父母却不甘心，还仍旧坚持着让高明复习再考。

强烈的自卑心理和多年来凡事父母做主的过分关爱与呵护，使高明的思维越来越偏离了正常的轨道。在面对着比自己小好多的同学，高明根本无心学习。在压抑、苦闷、无奈、烦躁的心情之下，高明喜欢上了班级一个叫莎莎的女孩，可对方却并不喜欢他。高明苦苦地追求、哀求，莎莎才勉强同意同他一起到家里玩一趟。

高明高兴极了，可到家里还没进门，高明的母亲就把莎莎连打带骂地赶跑了，然后又训斥高明不知道好好学习，净搞这些乱七八糟的事情。

一贯逆来顺受的高明为了这件事与母亲发生了一场非常激烈的争吵，吵过以后，双方平静下来。可事情并没有到此为止，高明事后越想越觉得难过，在半夜里趁父母熟睡之际，拿起了厨房的菜刀把父母砍死。

高明自然难逃法网，在牢房里将度过自己的一生。

这是一个亲生儿子杀死自己亲生父母的悲剧，双方的命运同样惨烈，令人深思。

对于孩子成长、考大学、谈恋爱这些事情，高明的父母绝对没有以积极健康的心态来对待，而是以消极不健康的心态一意孤行，直至造成悲剧的发生。他们虽然是高级知识分子，可能才华横溢，但在对待子女教育上绝对不是善于思考的人。

假如高明的父母以理解、同情、宽容、自省的心态对待儿子考大学这件事，就不会采用逼迫的方式让儿子去读书。

考大学只是人生中的一个驿站，是重要的，但不是必不可少的。每个人追求的应该是人生的成功，这与考上考不上大学无关。文凭，并不代表着一个人的能力，更代表不了一个人的成功。

孩子考不上大学，并不是一次结束，而是一次开始。做父母的应该给孩子自信与勇气，去走一条更适合自己的路，去寻求人生的毕业合格而非大学合格。

落榜可以给孩子一次沮丧，但我们不能因此否定孩子的一生。

高明也许是个天才，但绝对不是读书学习考试的天才。通过高考来证明高明是个天才、人才是极大的错误。

高明的父母若以积极的心态对待此事，看待高明的落榜，给高明提供更多的成才机会，让高明走更适合自己的路，遗憾的是高明的父母没有这样做，而是让忧虑、痛苦、虚荣、耻辱、羞愧的心态主宰了自己的行为，固执地让儿子走他已经厌倦的路。

高明把女同学领回家，原本是正常的一件事，就算是谈恋爱，也是青春期的正常现象，没有什么大惊小怪的！只要做父母的以理解、宽容、引导的心态对待此事，与高明进行沟通、指导，也不会发展到无法挽回的地步，可是这一次又让消极的心态占了上风，恐惧、猜忌、惊疑、厌恶的心态主宰了自己的行为，最终酿成千古憾事。

同理，高明若以积极健康的心态面对自己的考学，理解父母对自己的良苦用心，用功学习，考上大学或考上好大学，而满足和实现父母的殷殷希望，同时又给自己的前途增加一点光明。考大学，虽然不是一个人成功之必然条件，但是多学点知识还是有用的。高明没有这样做，也没有以自爱、自省、理解的心态对待这件事，而是以忧伤、痛苦、无奈、厌恶的心态对待，导致自己在考场上一次次的失败。

在与女同学谈恋爱遭到父母阻止时，高明又是以消积不健康的心态对待，让虚荣、耻辱、残酷、自卑等心态主导了自己的行为，对自己的父母下如此的狠手，结果两败俱伤。

从以上例子来看，以什么样的心态来主导自己的行为，是一种习惯。如果一个人经常以积极健康的心态主导自己的行为，那么不论这个人遇到什么困难，遭遇什么样的逆境，事情的发展都会转向良性方向。有积极健康的心态，才会有良好的事态。

如果一个人总是以消极不健康的心态看人待事，那么就觉得自己身边无比黑暗，脚下无路，危机四伏，自己很难被别人接受与认可，做事处处失败，失败反过来加强心态的消极，人生因此陷入恶性循环当中，失败也是必然了。

所以，不论我们想不想成功，只要我们生存在这个星球上，行走于世界里，就要以积极健康的心态来面对一切。这样于己于人都有利，积极健康的心态是一把万能的钥匙，它能打开成功路上所有关口的门，让你的前途畅通无阻。也许有时前进的速度快些，有时前进的速度慢些，但是结果总是在向你的目标靠近。

消极不健康的心态是一张网，一个沼泽，一旦陷于其中，只要是不走出来，只能是越挣扎勒得越紧，越挣扎陷得越深。

7. 如何培养孩子的自信心

一个人的性格的形成，与其成长的环境有很大的关系。成长的环境当然包括家庭环境和社会环境。

在一个人还是一个孩子的时候，如果父母一直在提醒他——你是天下最优秀的，你的失败是暂时的，再做一次肯定会成功的。在事实上也要求孩子做错了再做，直至成功，这无疑就培养了孩子的自信心。

作为一个人，我们没有理由不自信。想一想自己，我们是多么幸运啊！在亿万竞争者中从母亲的身体里脱颖而出，为什么不是别人而是我们？在出生前，我们就已经打了一场胜仗，在这个世界上再也找不出任何一个和我们一模一样的人。我们是独一无二地存在着。

父母对于孩子是否具有自信心，起着关键的作用。孩子做事、学习，无论成功还是失败，都需要父母的肯定。

孩子取得成绩的时候，父母对孩子表示肯定，给予表扬和鼓励。即使孩子失败，也要承认孩子的付出和努力，并且鼓励他再做一遍。失败对任何人来说都是一种打击。在遭遇失败的时候，孩子首先就失去了自信，他会觉得自己没有成功，而认定自己是个弱者，这时，父母就应该帮他重建自信心。

这样一而再，再而三，孩子就有了自信心，就会很坦然地面对一切。

在工作中，每个人都需要别人的支持和鼓励，特别是上司和同事的支持和鼓励，但是，这时我们不再是个孩子，我们自己也需要动脑分析解决问题。我们自信自己会做得更好，但我们需要允许自己失败。

为了说明这个问题，举例分析一下。

一个小孩出生在一个家庭里，这个家庭条件不错，有爷爷、奶奶、姥姥和姥爷，还有父母。可以说六个人抚养这一个孩子。由于孩子可爱，老人们都很喜欢，达到了溺爱的程度。

小孩一天天地长大，在老人和父母的万般呵护下长大。孩子肯定会学做一些事情，比如穿衣、吃饭等等。刚一开始时，孩子肯定做不好，大人不鼓励孩子自己做，而是亲手帮助做。在做的同时还提醒孩子不会做的事情不要做，做也做不好。

久而久之，孩子就有了这样一个自我意识：一些事情我不能做，做了也做不好，我不做也会有人替我做。这样就不主动去做事，也不会主动思考做事情的方法。

在这种自我意识的主导下，小孩就形成一种消极心态，对自己的智商、能力持怀疑态度，认为自己无能。这种心态导致小孩懒惰，不思进取，依赖性强。

因为是个孩子，随着时间的推进，逐渐养成懦弱、胆小怕事的习惯。习惯于饭来张口衣来伸手，既不刻苦耐劳，勤奋向上，又不承担责任，凡事让别人做主。

这样的习惯形成了不自信的性格。前边已经讲过这种性格的欠缺，这里就不必要重复。

不自信的性格主宰着一个人的学习、工作的方式方法。不求成功，但求无过，无过的最好办法就是不做事，或者按照领导上司的意思按部就班地做，自己不求创新，不会随机应变。这样的人不希望遇到挑战，害怕承担风险和责任。

这样的人不会做出什么丰功伟绩，只能在世俗的潮流中随波逐流。因为害怕挑战害怕风险，所以从来不会主动做事。即使做事，也是别人的附庸或跟班，一直会扮演被动的角色。

这样的性格也就决定他一事无成的命运。

笔者还有一个朋友，目前在北京一家出版社做编辑，是一名畅销书作家。从他写的书、编辑过的书来看，连笔者都认为他肯定是科班出身的，谁知他竟是沈阳体育学院学散打专业的。

从武到文，类似从阴到阳、从黑到白。那么这位搞散打的学生怎么当起编辑写起书来啦？这是不是对中国的书刊界、教育界一个极大的讽刺呢？

原来，这位朋友小时候就有极高的写作天赋，小学五年级开始写短篇，初中就写长篇。尽管他写的东西从来就没有发表过，但他自信如果自己坚持不懈地写下去，靠写字吃饭根本没问题。

由于他学习成绩特别好，考大学是轻而易举的事。在高中分文理科时，父母为了让他能当一名医生，逼着他学理科。他虽然不愿意去学理科，但他自信也能把理科学好。

尽管他的物理、化学偏弱，他还是选择了理科。并准备报考中国医科大学。

这位朋友利用假期，把物理、化学自学了一遍，居然这两门的成绩在班级里名列前茅，总成绩在全年级也是三甲之列。本来他的医生梦变为现实只是时间问题，谁知他在高二下半年竟得了严重的神经衰弱，成绩一落千丈。

他天生不服输，也自信自己能做任何事，更善于挑战自我。他看体育专业对文化分数要求不高，而且对他的大脑也有好处，就改学体育。搞体育专业绝非一年之功。而且他的体质并不出众，别人劝他就这样算了，考不上大学的也不止他一个人，更何况他有足够的失败理由。

他相信自己能做得更好。凭着少年时练过武术，有扎实的武术功底，他毅然决然地攻起武术专项。这位朋友有意志有毅力，能吃常人不能吃的苦，能受别人不能受的罪，仅用一年的时间，体育专业测试就达到了 87 分，顺利地考入了沈阳体育学院。

四年后沈体毕业，回家乡当一名体育教师。家乡的学校都在追求升学率，体育是可有可无的课程，体育老师也是闲人一个。这位朋友一气之下停薪留职，跑到北京闯天下。

最终，在北京做出了成绩。

8. 正义是一种力量

拿破仑·希尔告诫人们：除非你能以公正的态度对待他人，否则既无法培养出吸引人的个性，也无法达到明确的目标。正义感就是一项不可或缺的根本要素，就是"有意的诚实"。

在物欲横流的今天，许多年轻人把诚实当作是一种权宜之计。由于这种诚实态度弹性太大，它可能会被扭曲成谋求自己利益的一种手段，在培养坦白的说话态度时，已经在实践有意的诚实方面跨出了重要的一步。必须坚持这种诚实美德，并且无论是否会带来立即兑现的好处，都要实践它。

拿破仑·希尔认为，即使正义感无法使你抓住每一次的机会，它也能为你带来下列的实际好处：

建立起信心的基础，没有了信心将无法培养出吸引人的个性。

建立起深具魅力的诚挚和健全的性格。

不仅会吸引他人的注意，同时还提供真正的机会。

培养出自立和自重精神。

强化道德良知，并因而使行动更为迅速，使动机和欲望比以往更加清晰。

吸引值得交往的朋友，并且击败竞争对手。

保护你免于陷入破坏性的争议。有时即便是杰出人物也会因为言行不慎而走上自我毁灭之路。

鼓励你以具有魅力的个性朝向明确目标迈进。

正义感不仅是一种获得实质利益的工具，同时还能强化各种人际关系，它驱除贪婪和自私，并使你更了解自己的义务和责任，而你的个性也将因为有了正义感而更有力量。

9. 谦逊能获得尊重

谈到迷人个性的塑造，拿破仑·希尔认为谦逊是必备的美德。他说，在迷人的个性中，绝对找不到傲慢、自大和本位主义的影子，千万别把谦逊和怯懦混为一谈。真正的谦逊，是懂得"即使最伟大的人，也不过是整体中渺小的一分子"的道理。谦逊的人，更懂得自己目前所拥有的幸福，是要用来为众人谋福利的，而不是作为话题来炫耀的。

美国南北战争时期南方联盟的战将杰克逊，在西点军校时，便以谦逊著称。一次名叫"石城"的战役本来是他指挥的，但他却一再坚持说，功劳应属于全体官兵，而不属于他自己。还有一例就是，在墨西哥战斗中，总司令斯哥托对他的指挥能力给予了极高的评价，而杰克逊从未向任何人提起过这事。

不过，杰克逊并不是视功名如粪土，从墨西哥战争开始时他给他姐姐的一封信中便可以看出，他制定了树立声誉、博得大众注目的计划，因为那个时候他只不过是一个空有其名的副官。在他后来的事业进程中，这位勇敢、谦逊而聪明过人的人，巧妙地运用了他向上进取的每一项计划，使斯哥托将军对他大有好感，因而杰克逊得到了不断地提拔。

所以，只有目光短浅、胸无大志的人才会时时标榜自己做了什么，有时为了标榜自己，甚至在大众面前掩饰自己的过失。像杰克逊、克里斯等伟大的人物则不同，他们都能超脱这种浅薄的虚荣，他们深知人们所乐意接受和尊敬的是那些谦逊的人。一个有功绩的又十分谦逊的人，他的身价定会倍增。

对于谦逊，还要指明一点的是：在这个现实的世界，好的道德与才能，如果没有人知道，并不就是很好的回报。这不仅是在欺骗自己，也是在欺骗别人，更是对自己功绩的诋毁，所以，过度的谦逊并不是一种可取的美德，可能还是一种令人厌恶的傲慢。谦逊与恰当时候的自我标榜相结合，也是一个人获得成功的途径之一。

谦逊的人恪守的是一种平衡关系，也就是让周围的人在对自己的认同上达到一种心理上的平衡，并且从不让别人感到卑微和失落。非但如此，有时还能让别人感到高贵。感到比其他人强，即产生任何人都希望能获得的那种所谓优越感。

另外，保持谦逊的品德对于人际交往也尤其重要。一个背着自负自傲沉重包袱的人，他的友谊必然少得可怜。这里，谦逊必须以坦诚为基础，否则就难免陷入虚伪的泥潭。比如讨论问题时，明明自己有不同意见，为表谦逊而不明白说出或者吞吞吐吐，言而不尽；对方批评自己时，当面唯唯诺诺点头称是，背后却大发牢骚。再者，还应划清两个界限，一个是谦逊与虚荣的界限，另一个是谦逊与谄媚的界限。如果一个人故作谦逊姿态，以求得到"谦逊"的美誉，就是虚荣的一种常见表现。这种虚荣心一旦被对方察觉，还哪里会有愉快的交往可言。有些人在交际时喜欢对对方说些言不由衷的溢美之词，以为只有这样才显得自己彬彬有礼，谦恭而有教养。殊不知，过分溢美，迹近谄媚，虽说谄媚也可造成协调，但这种协调是借奴性的无耻的罪过或欺骗所造成的。

古人有"满招损，谦受益"的箴言，忠告世人要虚怀若谷，对人对事的态度不要骄狂，否则就会使自己处在四面楚歌之中，被世人讥笑和瞧不起。一句话，谦逊是通往成功和赢得人们尊重的最重要的品质之一。

10. 持之以恒是最可贵的财富

任何人在向理想目标前进的过程中，都难免会遭遇到各种阻力和重重困难，在这种情况下持之以恒则是最难能可贵的。

所谓"持之以恒"是在做某种事情时，不朝秦暮楚，不被面前的困苦吓倒，不半途而废，不浅尝辄止，不功亏一篑。持之以恒是一种毅力，一种精神。

在希腊神话中，俄耳甫斯为了让妻子起死回生，用琴声感动了地狱的守门官。他被允许带领妻子重返人间，地狱守门官开出的条件是要求他必须有恒心，在走出阴曹地府之前不能为苦所惧，为情所动，更不能回头看妻子一眼。俄耳甫斯历经千难万险之后，气喘吁吁，力倦神疲，在即将踏上人间土地的时候，他停了下来，禁不住回头看了一眼妻子，结果一切努力顷刻间付之东流，他那可爱的妻子又不得不被带回了冥国。俄耳甫斯的努力因缺乏恒心而功亏一篑。

世界上没有任何东西能够替代恒心。才干不能，有才干的失败者多如过江之鲫；天才不能，"天才无报偿"已成为一句俗语；教育不能，被遗弃的昔日"天之骄子"到处充斥。唯有恒心才能征服一切。

美国前总统尼克松堪称持之以恒的典范。众所周知，由于"水门事件"，尼克松被迫辞职，从辞职到他逝世前的 20 年中，他经历了巨大的精神折磨。在 1974 年被迫辞职后的最初一段时间里，他可谓一蹶不振，突然降临的失落与忧愤，媒体的穷追猛打和冷嘲热讽，熟人朋友们则避之不及，使砠岁的尼克松患上了内分泌失调和血栓性静脉炎，医生说他基本上成了一个废人。

但就是在这以后，尼克松连续撰写并出版了《尼克松回忆录》、《真正的战争》、《领导者》、《不再有越战》、《1999·不战而胜》和《超越和平》等一系列畅销全球的著作，以在野身份继续关心和介入美国内政外交，直到生命的终点。

"水门事件"以后，尼克松虽然受到了极大的挫折，可他面对挫折表现出来的坚忍不拔和对国家的强烈忠诚，战胜了人性弱点，重新攀上了人生巅峰，其勇气受到世人的钦敬。尼克松说，他不怕失败，因为他知道还有未来。他说："失败固然令人悲哀。然而，最大的悲哀是在生命的征途中既没有胜利，也没有失败。"他是以一种积极的健康的心态去面对自己的人生，而且从不自暴自弃，挫折、忧愤使尼克松成为一个深怀智慧的人，而正是这种坚持不懈、持之以恒的精神使尼克松又达到了人生的巅峰。

纵观古今中外的历史，凡是取得巨大成就的人，都是像尼克松那种勇于坚持到底，有恒心、有毅力的人。晋代左思花费 10 年时间收集素材，酝酿构思，以顽强不息的精神写出了令洛阳纸贵的《三都赋》；马克思用 40 年的时间，在大英博物馆里"啃"书本，把博物馆里的水泥地都磨出了一道凹痕，写出了给人类历史带来新曙光的《资本论》；丁肇中、杨振宁博士坚持做原子轰击实验，终于发现了 J 粒子，使宇宙不守恒定律在实验上得以成立。他们的成功雄辩地证明：只要具备了排难而进、坚持到底的精神，无论办什么事情都能取得成功。否则，则会半途而废，功败垂成。

德国科学家席勒在研究 X 射线即将看到曙光时，失去了信心，罢手却步，遂将成功的喜悦奉送给了伦琴；牛顿晚年故步自封，坚持机械观点，以致晚年的牛顿一事无成。

坚持到底就是胜利。但真正做到坚持到底并不容易，宋朝诗人杨万里有诗曰："莫言下岭便无难，赚得行人错喜欢。正人万山圈子里，一山放出一山栏。"人在奋斗的过程中，由于条件有限，必然困难重重，也会存在种种干扰。这些困难干扰就像一座座山横亘在我们前进的道路上，是望山止步，还是翻山而行，便是失败者与成功者的不同选择。

19 世纪英国作家福楼拜说得好："顽强的毅力可以征服世界上任何一座高峰。"不错，只要拿出顽强的毅力，持之以恒，坚持到底，事业的成功必将成为一种必然。当年宋庆龄在称赞张学良将军时曾说道："有超乎常人的毅力，必有超乎常人的抱负。"恒心、毅力都是相对于人生旅途上的坎坷和挫折而言的。

生活常常是这样：在你向目标挺进的过程中，突如其来的打击，一次又一次的失败，莫名的痛苦和烦恼……像影子随形一样跟着你，很难彻底摆脱。于是，人们便有了勇敢和懦弱、坚定和犹豫、洒脱和痴迷、勤奋和懒惰、廉洁和贪欲之分。一句话，有了强弱之别，有了坚持到底和中途沉迷的差异。

做一个强者，首先是要做一个精神上的强者，做一个坚忍不拔、威武不屈的人。世间不存在人无法克服的艰难和困苦，在你濒临绝境行将没顶时，在你气喘吁吁甚至精疲力竭时，你只要再坚持一下，奋力拼搏一下，困难可能就会被你征服了，你因此就会坚强了许多。

历史上有成就的人大多在追求成功的过程中，经受了巨大的风险和舆论压力，他们不是退缩，而是坚忍不拔。10 世纪英国传教士怀特菲尔德就是一个典型。在他追求事业成功的过程中，经历了许多舆论的谴责和世俗的刁难，甚至有人威胁要杀掉他。他的敌对者把他逐出教会，关闭他的教堂，甚至逼迫他离开所住的城镇，但他依旧在流浪的路途中坚持传道。敌对者雇佣一些人穿上魔鬼的衣服去嘲弄他，向他扔烂泥、臭鸡蛋、烂番茄和切成碎片的死猫肉，并且不止一次地向他扔石头，把他砸得头破血流……同时代的许多名流都对他大加鞭挞和嘲讽，每天，他大概要经历十数次这样的"挫折和失

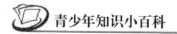

败"。但是，所有的这一切均未能阻止怀特菲尔德继续他的传道事业，因为，他知道他的事业是有益于大众的。

终于，成千上万的信徒涌到伦敦郊外的田野上听他的传道。他给威尔土和苏格兰的矿工讲道，为孤儿院募捐。他成了英国历史上最有传奇经历的、最有魅力的传道者。

坚持是导向成功的"临门一脚"。历史上很多成功者用自己的现身说法证明了这一成功定理。日本著名企业家土光敏夫说过，一旦把要做的事情决定下来，就一定要以必胜为信念，以坚忍不拔的精神干到底。谁也没有给努力制订出某种程度的界限，所欠缺的往往是坚定不移的意志……前面遇到墙壁，就要下决心穿过去，即使失败了，只要紧紧盯住目标，最终也不会倒下去。即使倒下去，爬也要往前爬。歌德用激励的语言这样描述坚持的意义："不苟且地坚持下去，严厉地鞭策自己继续下去，即使是我们之中最渺小的人这样去做，最终也会达到目标。因为坚持的无声力量会随着时间而增长，到达没有人能抗拒的程度。"